Regando flores de plástico

Regando flores *de* plástico

ALIVIE SUA BAGAGEM DE RELACIONAMENTO E
ABRA ESPAÇO PARA O AMOR DE SUA VIDA

Russell Friedman e John W. James

Companhia
Editora Nacional

Diretor Superintendente: Jorge Yunes
Diretora Editorial Adjunta: Silvia Tocci Masini
Produtora Editorial: Solange Reis
Editores: Isney Savoy, Marcelo Yamashita Salles, Pedro Cunha, Rodrigo Mendes de Almeida
Editor-assistente: Thiago Mlaker
Coordenação de Arte: Márcia Matos
Capa: Ana Dobón

Dados Internacionais de Catalogação na Publicação (CIP)
(Câmara Brasileira do Livro, SP, Brasil)

Friedman, Russell
Regando flores de plástico / Russell Friedman, John W. James ;
tradução Adriana Mendonça. -- São Paulo :
Companhia Editora Nacional, 2013.

Título original: Moving on : dump your relationship baggage
and make room for the love of your life.

ISBN 978-85-04-01738-0

1. Dor 2. Pessoas sozinhas - Psicologia
3. Homem-mulher - Relacionamento I. James, John W.
II. Título.

11-05377 CDD-155.93

Índices para catálogo sistemático:
1. Homem-mulher : Relacionamentos : Psicologia
155.93

1ª edição - São Paulo - 2013

Companhia
Editora Nacional

Av. Alexandre Mackenzie, 619 – Jaguaré
São Paulo – SP – 05322-000 – Brasil – Tel.: (11) 2799-7799
www.editoranacional.com.br editoras@editoranacional.com.br

ABDR
EDITORA AFILIADA

Obrigado.
Russell e John
Sherman Oaks, Califórnia

Sumário

Agradecimentos

Teríamos de ir para a lista telefônica de todas as cidades dos Estados Unidos para encontrar as pessoas que precisamos agradecer. Depois, teríamos de fazer o mesmo na Europa, no Oriente Médio e na Ásia para encontrar muitos outros que abriram seu coração para nos deixar ajudá-los. Queremos agradecer a todas essas almas corajosas que foram capazes de aparecer em nossos *workshops* e treinamentos e confiar que nós as guiaríamos.

Há alguns indivíduos a que precisamos agradecer por suas contribuições. Em primeiro lugar, agradecemos a nossa agente e amiga Jennifer Unter. Também agradecemos a P. J. Dempsey e a Matt Harper por tirarem este projeto da gaveta.

Agradecemos a Eric Cline, nosso parceiro e amigo no Canadá. E a Anders Magnusson, nosso parceiro e amigo na Suécia.

Ao longo dos anos, acrescentamos outros que expandiram nossa capacidade de ajudar o maior número de corações partidos. Queremos agradecer a cada um deles individualmente: Steve Moellller, Nancy Stutz-Martin, Debi Frankle, Elaine Henderson e Lois Hall.

Como na maioria das organizações, há geralmente uma pessoa central, que faz a coisa toda funcionar. Para nós, essa pessoa é Lisa Laughlin, que sozinha mantém tudo em ordem. A Carolina do Norte deu-nos uma de suas melhores exportações, Rhoda Cerny, que nos ajuda a atender os corações partidos que nos telefonam aqui em busca de orientação todos os dias. Queremos, também, agradecer a Esther Walker, que caminhou ao nosso lado em alguns dos momentos difíceis que atravessamos para tornar este livro o melhor possível.

Introdução

Este livro é para qualquer pessoa que:

- tenha experimentado o fim de um relacionamento amoroso, seja recente ou de longa data;
- tenha experimentado uma sequência de romances desfeitos e está cansada da rotatividade;
- reconheça que seu envolvimento romântico atual está em risco, mas não sabe por que ou o que fazer a respeito;
- tenha desistido de tentar encontrar a felicidade em um relacionamento amoroso, acreditando que é simplesmente impossível.

A busca pela alma gêmea

"Será que jamais encontrarei a pessoa dos meus sonhos?"

Acima temos uma pergunta bastante comum. E aqui, olhamos por um outro ângulo: "Por que sempre saboto meus relacionamentos?" E agora, que tal esse comentário? "Não importa o quanto eu tente, não consigo fazer dar certo" ou "Os meus relacionamentos quase sempre acabam de uma forma terrível". Ou "Por que eu sempre escolho a pessoa errada?" Alguma dessas perguntas lhe parecem familiares? Supomos que você ouça muitas coisas desse tipo – ou que você se pegue falando isso.

Nós as citamos porque todos os dias falamos com pessoas que estão chorando o fim de um relacionamento amoroso. Fazemos isso há quase três décadas. Por trás dessas perguntas e comentários, o que ouvimos com mais frequência é o desejo de encontrar uma "alma gêmea". A busca começa na infância e continua ao longo da vida, apesar de a maioria das pessoas experimentar relacionamentos fracassados.

Estatísticas recentes registram uma taxa de divórcio de quase 50%, mas o número é pequeno se comparado aos relacionamentos que terminam antes do casamento. Quando não há casamento, não há estatísticas para mostrar a dimensão do problema. Com base nas nossas pesquisas informais, a proporção pode chegar a 40 relacionamentos fracassados para cada divórcio formal. Estatísticas à parte, não resta dúvida de que a sequência de relacionamentos mal resolvidos que as pessoas carregam consigo limita o potencial para o sucesso de futuros relacionamentos.

Excesso de bagagem emocional

Excesso de bagagem refere-se ao excedente de peso permitido quando você viaja de avião. A razão óbvia para a limitação é manter o peso da aeronave abaixo de certo limite. Se um avião estiver com sobrepeso, pode ter dificuldade para decolar. E, mesmo decolando, pode apresentar problemas para manter o nível de voo. Se correlacionarmos essas ideias aos relacionamentos amorosos, poderíamos usar a frase **excesso de bagagem emocional** e tirar algumas conclusões. A bagagem emocional é o que as pessoas frequentemente carregam para seus relacionamentos. Uma relação terá problemas quando um ou ambos estão sobrecarregados com bagagens de relacionamentos anteriores. Se conseguir decolar com segurança, ainda pode ter dificuldade para manter o nível do voo do amor. Quando esses relacionamentos se rompem, dizemos que um ou ambos os parceiros estavam carregando excesso de bagagem emocional.

Sobre nós

A princípio, você deve estar surpreso ao descobrir que somos os fundadores do The Grief Recovery Institute®(Instituto de Recuperação do Luto). Se você é como a maioria das pessoas, associa a palavra luto exclusivamente à morte. Porém, na realidade, o rompimento de um romance é a "morte" de um relacionamento, pois acaba com esperanças, sonhos e expectativas que temos para o futuro. A verdade é que sentimos dor na mudança ou fim de um padrão familiar de comportamento.

O The Grief Recovery Institute foi fundado a partir de uma premissa simples – oferecer assistência ao maior número de pessoas no menor período de tempo. Em nossos livros anteriores, nos referimos aos dois maiores problemas que existem no mundo quando se trata de luto. O *Manual de Recuperação do Luto*, publicado em 1986, focava principalmente no luto causado pela morte. Para a maioria das pessoas, ver as palavras "recuperação do luto" juntas marcava sua primeira percepção de que se recuperar das perdas emocionais dolorosas era afinal possível. Em seguida, nos direcionamos ao grande número de pais, avós e outros responsáveis que estavam desesperados para aprender melhores formas de guiar as crianças para lidarem com as perdas que afetaram suas vidas. *When the Children Grieve (Quando as crianças estão de luto)*, publicado em 2001, abordava toda a gama de perdas que mais provavelmente atingem as crianças. Esse livro dá aos adultos as ferramentas concretas e as ações para guiar as crianças sob seus cuidados.

The Grief Recovery Handbook (O Manual de recuperação do luto) e *When Children Grieve (Quando as crianças estão de luto)* desenvolveram e refinaram, de forma individualizada, um sistema para completar o que foi deixado emocionalmente inacabado pela morte, por um divórcio ou outras perdas importantes. Na última contagem, os livros haviam sido traduzidos para sete línguas e mais estão a caminho. Usando os livros como base, instituímos milhares de *Programas Assistenciais de Recuperação do Luto* e *Ajuda às Crianças a Lidarem com a Perda* no mundo todo. Os grupos são assistidos por especialistas certificados pelo Grief❣ Recovery® e treinados por nós. Eles adotaram nosso objetivo mútuo de fornecer assistência efetiva para o maior número de pessoas enlutadas no menor tempo possível. Também estiveram na linha de frente para desenvolver e aperfeiçoar o programa neste livro, que é projetado para ajudar pessoas a compensarem o estrago emocional do seu passado sentimental.

Uma coisa é dizer a você o que fizemos para ajudar outros; outra coisa é explicar que, a fim de auxiliar as pessoas, primeiramente tivemos de ajudar a nós mesmos. Isso não só é verdade para nós, como também acreditamos que deveria ser a base para todos que guiarão outras pessoas. Ambos estamos em relacionamentos conjugais felizes e duradouros, um de 25 anos, outro de 18 anos, mas isso é só parte do que nos qualifica a escrever este livro. Ambos tivemos relacionamentos frustrados, e essa é a outra parte. Mas, o que nos qualifica, e encoraja os outros, é que fizemos os exercícios propostos para concluir os relacionamentos que afetaram nossas vidas no passado e isso nos permitiu encontrar e sustentar nossos relacionamentos duradouros.

O CRESCENTE DESAFIO DOS RELACIONAMENTOS

Era quase impossível terminar um dia sem ouvir mais uma história de um casal que se separara. E não estamos falando somente do que ouvimos no Instituto de Recuperação do Luto, como também na nossa vida social. Tendo isso em mente, era hora de estabelecer nosso plano de ação, na forma de um livro, que ajudaria um número ilimitado de pessoas a aprenderem como concluir efetivamente os relacionamentos amorosos passados. Dessa forma, as pessoas poderiam seguir em frente, evitando as armadilhas que as impediam de alcançar o sucesso em seus relacionamentos. Qual é o problema? Por que as pessoas não conseguem realizar seus sonhos? Muito embora as pessoas tenham desejo de encontrar o verdadeiro amor, continuam fracassando em superar os obstáculos que as impedem de atingir seus objetivos.

Anos atrás, começamos a fazer extensas anotações sobre o problema dos rompimentos ou divórcios, pois esse era um assunto constantemente apresentado pelas pessoas que vinham aos nossos seminários e treinamentos. Em meio a outras perdas inevitavelmente apareciam histórias de relacionamentos amorosos fracassados. Usando as mesmas ideias básicas que ajudavam as pessoas a elaborar suas perdas, desenvolvemos um programa que poderia ser aplicado diretamente aos relacionamentos amorosos. O envolvente programa foi testado nos participantes do nosso seminário que estavam ávidos por atitudes práticas que os ajudassem a lidar efetivamente com os relacionamentos amorosos. Essas pessoas corajosas fizeram um grande esforço para dar um fim ao ciclo de tristeza que seus relacionamentos fracassados lhes tinham causado. Somos gratos a elas por fornecerem a prova de que as ações deste livro lhes devolveram a fé na vida.

Em nossos seminários descobrimos que não faltava disposição ou coragem àqueles que queriam encontrar a felicidade nos relacionamentos. O que eles não tinham eram as informações corretas e um ambiente seguro para realizar as ações que lhes ensinávamos. Buscamos falar de maneira simples, já que as pessoas não sabem como lamentar e concluir os relacionamentos que terminam e carregam as emoções mal resolvidas em seus futuros relacionamentos. Isso praticamente garante o fracasso do próximo. Sem instrumentos para elaborar o final do relacionamento número um, elas apenas usam as mesmas ferramentas erradas quando o segundo relacionamento termina. O que está incompleto em cada relacionamento anterior acumula-se e arrasta-se para sucessivos relacionamentos, tornando-se a bagagem emocional.

Tristeza não é algo específico de um dos sexos

Há muitos escritos sobre o papel que o gênero desempenha nos relacionamentos, mas nós não faremos isso aqui. Ao ler este livro, você perceberá que há muito pouco sobre o sexo. Na parte I, quando falamos sobre as ideias que todos aprendemos ao lidar com as dolorosas emoções causadas pelo fim de relacionamentos, fica claro que a tristeza não é exclusiva de um sexo ou do outro. Um coração despedaçado é um coração despedaçado.

Elaborando um rompimento

Se você suspeita que está carregando bagagem emocional, então faz sentido dizer que você não elaborou o que estava inacabado. Ainda que a ideia de se tornar emocionalmente resolvido faça sentido, a maioria das pessoas não sabe o que fazer para alcançar este objetivo. É para isso que serve este livro. Elaborar o fim de uma relação é o resultado de uma série de ações que o ajudam a descobrir e expressar o que ficou emocionalmente mal resolvido.

É a mudança da razão para a emoção que ajuda as pessoas a descobrir e encerrar o que ficou inacabado quando o relacionamento termina.

No desenrolar do livro, você aprenderá quais são e como realizar essas ações. O resultado do seu esforço será colocar um fim em seus relacionamentos anteriores, aguçará sua capacidade de escutar e seguir sua intuição para escolher a pessoa com quem você pode desenvolver um relacionamento duradouro.

Todos os relacionamentos são únicos

Quanto mais trabalhamos com pessoas que lidam com o fim de seus relacionamentos, mais óbvio tornou-se que a chave para a recuperação está na simples ideia de que todos os relacionamentos são únicos. Não há exceções para essa regra. A relação de uma pessoa com um pai que faleceu pode ser radicalmente diferente do relacionamento que um irmão ou irmã teve com esse mesmo pai, pois um pode ter sido glorioso e o outro, horrível, produzindo sentimentos distintos. Quando elaborar o término de alguns relacionamentos torna-se aparentemente igual, a chave para a recuperação reside na singularidade de cada relação e o fim das esperanças e sonhos não realizados sobre o futuro.

As pessoas são frequentemente encorajadas a acreditar que têm uma ligação com outras que tiveram uma perda semelhante. Embora possa parecer verdade, na realidade não faz sentido. É o subproduto infeliz do surgimento de grupos de apoio específicos que tende a segregar os enlutados com base na perda que tiveram. O problema é que isso presume que todos no grupo tiveram o mesmo tipo de relação com a pessoa que morreu ou com quem tiveram um relacionamento amoroso. Nada pode ser mais contrário à isso.

Enquanto relacionamentos amorosos são diferentes do que outros vínculos pessoais, quando terminam eles ainda deixam para trás comunicações emocionais inacabadas. Em nossos estudos, descobrimos que as mesmas ferramentas que ajudaram alguém a elaborar o que ficou inacabado emocionalmente quando a pessoa amada morreu eram aplicadas para compensar relacionamentos amorosos que não chegaram ao "até que a morte os separe".

MAIOR CONHECIMENTO, MELHORES RESULTADOS

"Este livro me dará mais conhecimento e novas ações para eu concluir os relacionamentos anteriores e não sabotar os futuros?" Certamente! Sabemos que parece uma promessa audaciosa, então nos deixe explicar por que somos tão confiantes. Supomos que você tenha lido outros livros. Eles podem tê-lo ajudado a compreender o que aconteceu, mas não o ensinaram como finalizar seus relacionamentos anteriores para que pudesse seguir em frente de forma diferente e conseguir melhores resultados. Neste livro você encontrará uma série de ações que proporcionarão soluções reais que o ajudarão a concluir relacionamentos passados.

Para chegar à solução, porém, você precisará fazer um trabalho profundo e, em geral, muito difícil. Não existe um caminho fácil mas guiaremos você em cada passo. Rompimentos são, as vezes, inevitáveis e sempre dolorosos, mas com as informações certas não há razão para arrastar velhos relacionamentos para os novos.

Desejamos-lhe boa sorte.

Russell e John

P.S.: Se enquanto lê este livro você tiver vontade de gritar conosco ou de atirá-lo na parede, nós entenderemos.

PARTE 1

Identificando o problema

A ideia de que as pessoas carregam uma bagagem emocional de relacionamentos anteriores para os novos é mais do que simplesmente uma figura de linguagem. É a realidade. Já que a maioria das pessoas faz isso, é provável que você também tenha feito. Ao se tornar capaz de enxergar isso, pode ser que você perceba que sabotou os relacionamentos ou escolheu estar em relações nas quais não tinham a menor chance.

Para enxergar o que você fez ou como fez, é essencial que identifique as ideias básicas que possuía para lidar com as emoções ligadas à perdas de todo tipo. É importante adquirir essa consciência para que possa identificar e jogar fora a bagagem que você tem arrastado.

Como usar este livro

Pareceria autoritário da nossa parte dizer: "Leia cada palavra e faça cada exercício conforme apresentado". Então, usaremos uma abordagem mais suave. Sugerimos que você leia cada palavra e faça cada exercício conforme apresentado. As ações propostas neste livro funcionaram para milhares de pessoas. Se você desejar, funcionarão para você também, então a chave é realizar as ações. Somente ler o que está contido nele não é suficiente. Cuidado: se procurar por exceções, você as encontrará e inventará justificativas ao longo do caminho. Mas isso não lhe daria os resultados esperados.

"Você não pode pensar seu caminho para a ação correta, mas pode conduzir o seu caminho para o pensamento correto." Não sabemos quem disse isso primeiro, mas deixa profundamente claro que a ação é a chave para nos ajudar a alcançar mudanças significativas em nossa vida. No que diz respeito a este livro, podemos parafraseá-la dizendo: "Você não pode ler seu caminho em direção a um relacionamento bem-sucedido, mas você pode ler e *depois realizar as ações* que o levarão a um relacionamento bem-sucedido". As ações estarão na forma de uma série de exercícios que começam no capítulo 2.

Se estiver pronto, vamos ao trabalho.

Capítulo 1

Todos têm uma bagagem emocional, inclusive você

Em quase todo encontro social, você ouvirá conversas alguém contando que está arrasado por causa de um rompimento. A pergunta sempre feita é: "Isso já aconteceu antes?" Sem exceção, a resposta é sim. O que em geral vem a seguir é uma tentativa de ter compaixão pela pessoa: "Não fique assim, você vai encontrar a pessoa certa." e tantos outros clichês.

Mas, a pergunta mais importante que quase nunca é feita: "Quanta bagagem você trouxe para o relacionamento?" Admite-se que soa estranho. Ainda assim, é a única pergunta que pode forçar qualquer pessoa a buscar identificar e aliviar seu próprio excesso de bagagem antes de tentar alçar voo em um outro relacionamento.

A maioria de nós entende o que significa quando a palavra *bagagem* é usada no contexto de um relacionamento fracassado. Quando a expandimos e a chamamos *bagagem emocional*, fica um pouco mais clara. Agora precisamos defini-la ainda mais para que possamos conduzi-lo às ações que o levarão a sair do problema em direção à solução.

Bagagem emocional significa muitas coisas:

- A falta de informação geral que temos a respeito de como lidar com a perda.
- A falta de informação específica que possuímos sobre nossas reações emocionais aos relacionamentos amorosos que terminaram.
- Os hábitos de curto prazo que desenvolvemos em reação aos rompimentos amorosos, que se transformam em longo prazo e arrastam-se para futuros relacionamentos.
- O acúmulo de comunicações emocionais não feitas, armazenadas após o fim de relacionamentos amorosos.

Já que você não pode lidar com a bagagem de outra pessoa, mas apenas com a própria, vamos começar com você e a sua bagagem.

Você reproduz aquilo que aprende

Começamos a aprender sobre os sentimentos dolorosos de perda muito cedo em nossa vida, assim que algo nos é retirado. Não achamos bom quando algo a que nos apegamos, como bichos de pelúcia ou cobertores, são tirados de nós. Embora possa parecer um ponto de partida incoerente para um livro sobre relacionamentos amorosos, contudo, é exatamente onde devemos começar. Essas primeiras perdas e a orientação das pessoas à nossa volta ditam como reagiremos mais tarde quando nosso primeiro relacionamento amoroso acaba.

A bagagem emocional é adquirida

Suponha por um momento que quando você nasceu não carregava nenhum tipo de bagagem. Não estava carregando nenhuma informação incorreta ou qualquer relacionamento incompleto para a nova aventura da vida. Você podia reagir à tudo conforme acontecia. Se algo o agradava, você ria. Uma vez que aquela sensação acabava, você estava pronto para participar da próxima experiência emocional. Digamos que ela fosse triste. Sem problemas, você chorava. Novamente, em pouco tempo, o choro ia embora. Você não guardava nada e estava pronto para o próximo acontecimento.

Em qualquer dos casos, feliz ou triste, você percebia o mundo ao seu redor exatamente como você sentia. Era um sistema perfeito. Pense nisso. Se nenhum sentimento era armazenado, então nenhuma bagagem era carregada. É provável que, nos primeiros anos de vida, você tenha processado todas as emoções naturalmente, no momento que você as sentia. Mas quando você passou da primeira infância e começou a andar, aprendeu que comunicar todos os seus sentimentos, de felicidade ou tristeza, não era mais tão aceito ou recompensado. Diziam-lhe e mostravam-lhe que alguns sentimentos não eram bons. Aqueles que estavam proibidos eram tristes ou negativos. Também não suportavam as lágrimas que geralmente acompanhavam esses sentimentos. A maioria das pessoas se lembra de uma frase como esta na infância: "Se você vai chorar, vá para o seu quarto". Duvidamos que você tenha alguma vez ouvido: "Se você vai ficar feliz, vá para o seu quarto".

A ideia de que sentimentos felizes são bons e os tristes não, coloca as crianças em conflito com suas próprias reações naturais diante dos acontecementos da vida. É essa idéia que torna difícil para nós lidar com as emoções que sentimos quando algo triste acontece. Vamos ajudá-lo a olhar todas as informações que aprendeu sobre como tratar suas emoções para ver quais devem ser descartadas. Depois, você pode realinhar-se com o que é emocionalmente verdadeiro para você. Não se preocupe, não vamos encorajá-lo a voltar a agir como uma criança de dois anos. Há maneiras abertas e honestas de mostrar como se sente sem tornar-se infantil. Estamos confiantes de que, quando começar a reconhecer os conceitos gerais que mencionamos, você encontrará neles as ideias específicas que o mantiveram preso.

Como nossas mentes armazenam informação

A mente humana é o disco rígido mais avançado. É o dispositivo de armazenamento mais sofisticado que existe. No momento em que inspiramos nosso primeiro suspiro, nossa mente entra em ação. Ela observa tudo o que vemos, experimentamos, tocamos, ouvimos ou cheiramos. Não perde nada. Não esquece nada. Muitas pessoas acham difícil de acreditar, porém é verdade. Por exemplo, quase todas as lembranças da infância incluem comentários do tipo: "Coma tudo! Há crianças morrendo de fome por ai". Essa poderosa mensagem geralmente vinha de nossos pais. Assumimos a ideia de que tínhamos que comer de tudo porque nossos pais mandavam. Quando crescemos, alguns de nós aprendem a modificar essa mensagem e descobrimos nossos próprios hábitos alimentares saudáveis. Infelizmente, muitos não o fizeram.

Aqui vai outro exemplo: você se lembra de algum cheiro que associa à casa da sua avó? Talvez o cheiro de um armário de madeira venha à mente. A memória foi incorporada quando você era muito novo, foi levada adiante por um longo tempo e ainda está lá, embora você nem tenha pensado sobre isso de forma consciente por muitos anos. Quantos anos esteve lá? Lembre apenas que sua mente nunca esquece. Basta apenas o estímulo de uma pergunta para você buscar a memória e lembrar daquele cheiro.

Como aprendemos

Especialistas sugerem que aos três anos de idade 75% das informações básicas que usaremos para nortear nossa vida já foram observadas, codificadas e gravadas. As informações são armazenadas com uma intensidade proporcional ao poder da *fonte de influência*, que na infância são geralmente a mãe, o pai e outros membros mais próximos da família. Os mesmos especialistas explicam que, durante os próximos dez a doze anos, professores, colegas de classe, filmes, programas de televisão, músicas, artigos de revista e outras fontes contribuem com 20% para os conceitos que aprendemos e usamos. No momento em que atingimos a adolescência e nosso primeiro relacionamento amoroso, 95% das informações básicas que usaremos para interpretar e operar nossa vida já estão presentes.

A memória consciente começa na época em que primeiro lembramos das coisas ao olharmos para trás na nossa vida. Especialistas na área descobriram que o despertar da memória consciente acontece em algum momento entre os três e os seis anos de idade, geralmente mais próximo dos seis. Isso significa que fatos que aconteceram antes do início da memória consciente não estão diretamente acessíveis. É por isso que, não importa o quanto nos esforcemos, nem sempre conseguimos entender porque acreditamos em certas coisas e porque sentimos da maneira como sentimos.

Presumimos que o que sabemos é o certo

Nossas mentes infantis entendem que todas as informações recebidas são sempre certas. Absorvemos tudo o que chega por meio dos nossos sentidos sem qualquer informação prévia para comparação. Quando somos muito pequenos, não temos como distinguir a boa informação da má. Não há um filtro para nos ajudar a avaliar a informação que estamos absorvendo. Porém, como dissemos anteriormente, considerando que as informações vieram de fontes influentes, damos-lhes o valor de absoluta veracidade, gravando-as em nossas memórias.

Um único termo é usado para descrever o acúmulo de informações que usamos para nortear nossa vida. De forma abreviada chamamos isso de SC, que é a sigla para sistema de crença que todos têm. Seu sistema de crença é constituído de todas as informações que já foram armazenadas em seu cérebro. Tudo em que você acredita, você acha ser o certo. A grande maioria das informações armazenadas em seu disco rígido pessoal é correta, útil e verdadeira.

Mas há coisas que aprendemos quando éramos pequenos que não são nem um pouco úteis. Isso é verdade especialmente na área de administrar os sentimentos tristes. Já que os sentimentos de tristeza ou de dor são a reação normal e natural para o fim dos relacionamentos, o que aprendemos na infância sobre lidar com esses sentimentos é de crucial importância. Se aprendemos ideias incorretas sobre como lidar com a tristeza, continuaremos a revesti-las com a mesma "veracidade". Além disso, agiremos dessa maneira antes do nosso primeiro rompimento amoroso e repetiremos por força do hábito.

Vamos aplicar a metáfora do excesso de bagagem para a ideia da veracidade de nosso sistema de crença. As informações incorretas em nosso sistema de crença tornam-se parte da bagagem que carregamos adiante. Defendemos tudo o que fazemos como correto e verdadeiro, ainda que isso nos leve a cometer os mesmos erros repetidas vezes. Claramente, esse não é um bom caminho a seguir.

Capítulo 2

SEIS MITOS SOBRE A TRISTEZA

Seis grandes mitos limitam nossa capacidade de lidar com a tristeza. Esses mitos contêm as informações incorretas que a maioria de nós usa quando um relacionamento acaba. As informações armazenadas são parte de nosso sistema de crença, que consideramos ser certo. Ao ajudá-lo a descobrir o que lhe ensinaram sobre como lidar com a tristeza, você perceberá que muito do que você aprendeu poderia ser chamado de *bagagem intelectual*. Você perceberá que nunca olhou atentamente para suas crenças sobre a tristeza para ver se são precisas e úteis para você. O uso repetitivo de conceitos inúteis é o que cria a bagagem emocional que tem limitado sua capacidade de participar aberta e completamente de seus relacionamentos.

O ideal é que a mente, as emoções e a intuição trabalhem em harmonia. Isso nos permite lidar efetivamente com os eventos mais importantes em nossa vida. A maioria das crianças pequenas vive com esses três aspectos conectados e funcionando. Na medida em que as crianças pequenas processam os sentimentos no momento em que acontecem, nenhum sentimento é armazenado. Uma das razões pelas quais elas podem ser tão magníficas é que podem mudar facilmente entre intelecto, emoções e intuição. Expressar as emoções, juntamente com o uso do intelecto e intuição, ajuda a manter as crianças (e adultos) em harmonia com sua natureza. Quando o componente emocional é limitado, perdemos nossa habilidade natural de lidar com a tristeza.

Mito 1: Não fique triste

A vida de uma criança pequena é boa até o dia em que ele ou ela ouve três palavras muito infelizes – **Não fique triste!** Essas três palavras têm um impacto negativo para a vida toda. À primeira vista podem não parecer perigosas, mas uma investigação mais detalhada revela um sério problema. Até o momento em que uma criança ouve e entende essas palavras, todos seus sentimentos eram aceitos e permitidos. Então algo muda e, daquele momento em diante, somente a alegria e o riso são encorajados. A tristeza e as lágrimas não fazem mais parte da equação.

O exemplo clássico dessa mudança acontece quando uma garotinha volta da pré-escola com lágrimas nos olhos. Quando lhe perguntam o que aconteceu, ela responde: "As meninas da minha classe não querem brincar comigo". O pai ou a mãe diz: "Não fique triste. Olha, coma uma bolacha; você vai se sentir melhor". Quando observamos mais de perto, vemos que a mensagem tem duas partes. Primeiro, diz à criança para não sentir o que ela já está sentindo. Em segundo, diz a ela para usar uma substância para distraí-la do seu sentimento ruim. Há grandes consequências que não ajudam em nada contidas na simples frase "não fique triste".

Também é comum para uma criança que vem para casa contrariada e, quando lhe perguntam o que aconteceu, diz: "As outras crianças não brincam comigo". E o pai ou a mãe responde: "Não fique triste. Você fará novos amigos". Tenha isso em mente, porque logo você verá como a segunda metade da declaração contém outro mito.

Os conselhos para as crianças não se sentirem mal vêm de uma fonte de autoridade adulta, portanto têm o selo da veracidade e ficarão registradas como certas no sistema de crença da criança. Até aquele momento ela confiou em seus pais e contou-lhes tudo, fielmente. Quando perguntaram: "O que aconteceu?", ela naturalmente acreditava que podia confiar seus sentimentos aos seus pais. Agora ela descobre que estava enganada. Isso representa uma mudança de 180 graus em relação a quando era mais nova e todos os seus sentimentos eram aprovados. Seus sentimentos de tristeza não só se tornaram inaceitáveis, como também devem ser contornados, encobrindo-os com comida ou, como no segundo exemplo, fazendo novos amigos. Isso coloca a criança em conflito com suas próprias emoções naturais, de sentir-se magoada pelo que aconteceu na relação com as outras crianças, e também com seu desejo natural de dizer a alguém em quem confia como ela se sente. Esse fenômeno não está limitado a garotinhas. O mesmo ocorre com os garotos. "Não fique triste" é ministrado igualmente para ambos os sexos.

Mito 2: Substitua a perda

Você poderia pensar que eventos mais impactantes do que ser ofendido na escola seriam resolvidos de forma diferente, mas isso seria um erro. Quando John tinha sete anos, sua cachorrinha Peggy morreu. Peggy era sua constante companheira e melhor amiga. John ficou emocionalmente abalado quando ela morreu. Ao ver sua dor, seu pai disse: "Não fique triste, no sábado compraremos um novo cachorro para você". A segunda parte dessa frase é traduzida por **substitua a perda**. O coração de John estava em pedaços e a ideia de comprar um novo cachorro adicionou um elemento incoerente a um fato que era doloroso e confuso. A mensagem que

John recebeu tinha duas partes:

Não fique triste.
Substitua a perda.

Os pais de John mantiveram a sua palavra e deram a ele um novo cachorro no sábado. Mas John ainda estava atordoado com o impacto da morte de Peggy e não era capaz de conectá-lo ao novo cachorro. Olhando para trás, ele percebe que seu coração estava despedaçado. Ele não conseguia permitir a si mesmo apegar-se a outro cachorro. Não poderia correr o risco de se machucar novamente, então deu o novo cachorro para seu irmão menor.

Ao vermos a ideia de "substituir a perda" quando a cachorrinha de John morreu, podemos também refletir sobre o comentário que a criança ouviu quando as outras foram màs com ela. "Não fique triste, você pode fazer novos amigos" dá a clara mensagem de que ela deveria de alguma forma substituir os amigos. Isso estabelece a crença de que será um problema real para ela anos mais tarde quando experimentar o fim de seu primeiro relacionamento amoroso.

E então veio o peixe

Quando Russell estava no oitavo ano, apaixonou-se por uma garota chamada Karen. Eles conversavam sobre tudo. Contavam um ao outro suas mais importantes convicções e segredos. Fizeram planos para o futuro juntos. Ele confiava mais nela do que jamais havia confiado em alguém. Então, um dia, Karen decidiu que não queria mais ser namorada de Russell. Ele ficou arrasado. Ele lembra dos dias e semanas negras que se seguiram. Não conseguia comer, não conseguia dormir e não queria ver ou falar com ninguém. Após vários dias, sua mãe, tentando consolá-lo, disse: "**Não fique triste, há muitos peixes no mar**".

Essa foi a primeira vez que Russell soube que estava namorando um peixe. Desculpe, não pude resistir a uma piadinha, mas quase todo mundo ouve alguma versão dessa frase após um rompimento. Humor à parte, a mensagem que Russell recebeu de uma importante fonte de influência e de autoridade – sua própria mãe – era que ele não deveria ficar triste, que deveria sair e arranjar uma nova namorada. Assim ele fez. Mas ele não estava ansioso para contar tudo a sua nova namorada e se magoar novamente, então se retraiu. Ele não sentia que podia confiar nela. Afinal de contas, a última namorada tinha quebrado sua confiança, então ele certamente não ia se expor a ponto de se magoar novamente. Não se pudesse evitar. O que ele não percebeu foi que, ao recuar, iria arruinar aquele relacionamento. Quando se separaram pouco tempo depois, ela disse: "Eu quero terminar porque você nunca me deixou saber quem realmente é". Aos quatorze anos, Russell já tinha tentado limitar a dor do primeiro rompimento ao correr para outro relacionamento. Não só fracassou em diminuir a dor emocional, como também fez com que tivesse mais medo e se retraísse ainda mais da próxima vez. Sem perceber, Russell estava começando a acumular a bagagem emocional que arrastaria para seus futuros relacionamentos.

Há uma semelhança interessante nos três diferentes cenários. Após seu primeiro rompimento, Russell foi instruído, do mesmo modo que a garotinha da pré-escola e John depois que sua cachorrinha morreu, com exatamente as mesmas ideias:

Não fique triste.
Substitua a perda.

Quando nós ouvimos essas mensagens, elas se tornam configurações-padrão que passaremos a usar quando situações semelhantes acontecerem em nossa vida. Quando os relacionamentos amorosos acabarem, automaticamente acreditaremos que não devemos ficar tristes e sair em busca de um novo amor. Por quê? Porque aquelas mensagens foram incutidas em nós quando estávamos na pré-escola. Ao tentarmos não ficar tristes quando de fato estamos, inevitavelmente agravavamos o problema, já que isso não nos permite sermos honestos conosco. Não faz nenhum sentido ativarmos o "substitua a perda", lançando-nos em um novo relacionamento quando ainda estamos com a ferida aberta com o fim do relacionamento anterior.

Substituir a perda não funciona por algumas razões simples e óbvias: todos os relacionamentos são únicos; não há exceções. E os relacionamentos não são substituíveis nem intercambiáveis.

Mito 3: chore sozinho

"Ri e o mundo ri contigo. Chora e chorarás sozinho" é uma mensagem poderosa que pode ter um impacto negativo para a vida toda. Já lhe disseram para não ficar triste, mas, quando isso acontece, dizem também para você se isolar dos outros. Durante a sua infância, você provavelmente ouviu também a clássica frase "se você vai chorar, vá para o seu quarto". Você pode ter ouvido comentários como esse quando tinha reações emocionais normais diante de fatos tristes e tentou compartilhá-las com as pessoas em quem você confiava. Quando a criança atinge seus quinze anos, terá recebido mais de 23 mil mensagens de que sentimentos de tristeza e de dor não deveriam ser comunicados a outros. Os comentários que contribuem para a ideia de que deveríamos chorar sozinhos também sugerem que devemos deixar as outras pessoas sozinhas para lidar com seus sentimentos tristes. "Ela precisa de um tempo", é o que, em geral, se diz como o subproduto natural da ideia incorreta de que os sentimentos tristes não deveriam ser compartilhados com outros. Isso leva a mais isolamento justamente no momento em que a pessoa pode de fato precisar falar sobre seus sentimentos.

Além disso, observamos o que acontece quando outros demonstram seus sentimentos tristes ou dolorosos nos comentários do tipo "Ela perdeu" ou "Ele fracassou". Esses comentários reforçavam a ideia de que não era seguro expressar sentimentos tristes na frente dos outros. Não são necessárias muitas dessas observações para interromper nossa sensação de segurança e nos convencer do isolamento. A ideia de que devemos guardar os sentimentos tristes para nós mesmos acaba se transformando em outra mensagem "sempre certa" no nosso sistema de crença. Como resultado, quando nos sentimos tristes, nossos computadores mentais nos enviam uma mensagem instantânea dizendo-nos para não sobrecarregarmos os outros com nossos sentimentos. Nossa resposta para essa mensagem é nos isolarmos e reprimirmos nossos sentimentos.

Sentimentos conflitantes

A mistura de sentimentos que temos quando um relacionamento termina pode parecer estar em conflito uns com os outros. De um lado, podemos nos sentir aliviados porque as brigas acabaram e, por outro lado, podemos estar desolados porque os sonhos para o futuro chegaram ao fim. Alívio é em geral uma sensação positiva, e a desolação, negativa. É normal querer falar sobre os nossos sentimentos quando um relacionamento acaba. É então que um outro conflito ocorre. Enquanto queremos contar aos outros como nos sentimos, a mensagem constantemente reforçada para chorarmos sozinhos nos confunde.

Há uma vasta gama de emoções que somos passíveis de experimentar como parte do luto seguido de um rompimento amoroso. Sentir-se triste como reação a um fato doloroso é normal, bem como falar desses sentimentos às pessoas que confiamos. O problema é que nos ensinaram que não devemos senti-los – "não fique triste" – e se isso acontece, você deveria senti-lo em particular – "se você vai chorar, vá para o seu quarto". A mensagem, no momento que mais precisamos e queremos o apoio e o amor de outros, é "chore sozinho".

Chorar sozinho a perda de alguém é a terceira ideia mais difundida que impede nossa capacidade de elaborar as emoções decorrentes do fim de relacionamentos. Nossa lista cresceu um pouco mais:

Não fique triste.
Substitua a perda.
Chore sozinho.

No geral, uma receita infalível para o acúmulo de bagagem emocional e o fracasso de futuros relacionamentos.

Mito 4: O tempo cura todas as feridas

De todas as ideias incorretas sobre como lidar com rompimentos amorosos, essa é provavelmente a mais limitante de todas. É declarada de muitas maneiras diferentes, mas cada variação está igualmente errada. As frases mais comuns são "o tempo cura todas as feridas" ou "isso leva tempo". Nunca conhecemos alguém que não sofreu uma lavagem cerebral com essa ideia totalmente falsa. A melhor maneira de explicar porque essa ideia é tão errada é usar a analogia de um pneu furado. Imagine que você saia para pegar seu carro e perceba que o pneu está furado. Você iria puxar uma cadeira, sentar-se e esperar o ar voltar para o pneu? Achamos que não. Imagine alguém sentado em frente a um pneu furado esperando o tempo consertá-lo. É uma cena engraçada, não é? Todos nós sabemos que para colocar esse carro de volta à pista é necessário tomar uma atitude. A maioria de nós telefonaria para a seguradora e pediria para enviar alguém para trocar o pneu para nós (essa é uma das razões pelas quais temos celulares, certo?). Alguns de nós, na verdade, tirariam o macaco do porta-malas e trocariam o pneu por conta própria. De um jeito ou de outro, uma ação precisa acontecer antes que o carro possa ser usado com segurança.

Veja a seguir o paralelo emocional. Pense num coração partido como o pneu furado. A energia se esvai. É muito difícil participar completamente da vida quando seu coração está partido. **Esperar que o tempo cure seu coração sem realizar ações é tão insensato quanto esperar que o ar volte para o pneu furado.**

Podemos ir além com essa analogia: imagine que, em vez de reparar o pneu furado, você simplesmente entre no carro e comece a andar, presumindo que pudesse dirigir o carro em linha reta e sobreviver. Bem depressa você não só terá destruído o pneu, mas também estará dirigindo sobre o aro, o que destruirá a roda. Agora transfira isso para o mundo dos relacionamentos. Você direciona seu coração para um novo relacionamento muito embora você não tenha feito nada para elaborar e terminar o que ficou inacabado no anterior. Vamos encarar os fatos: enquanto você está tentando lidar com as consequências de seu relacionamento anterior, você não está verdadeiramente disponível para um novo. Como dirigir sobre os aros do seu coração, colocando pressão excessiva nele enquanto ele ainda está partido? Imagine-se dirigindo e estacionando seu coração na estrada de alguém nessa situação. Não é uma imagem muito bonita, é?

Unir as ideias ruins não ajuda

Juntar duas ideias só cria uma confusão ainda maior. Começar a namorar quando você ainda não resolveu o relacionamento recém-terminado é o que já identificamos como "substitua a perda". Isso traz consigo o risco de sabotar o novo relacionamento. Igualmente perigosas são quaisquer sugestões de que o tempo é o componente primário que indica quando você pode começar a namorar novamente. **Todas as ideias baseadas em que o tempo ajuda a estar pronto para namorar são falsas.** Já ouvimos dizer que é preciso da metade do tempo que você esteve em um relacionamento para estar pronto para um novo. Isso significa que se você foi casado por dez anos, você teria que esperar cinco anos antes que pudesse começar a namorar. Esse é um plano ruim por uma série de razões, mas a pior delas pode ser a implicação de que tudo o que você tem a fazer é esperar o tempo passar. O que você deve fazer da vida enquanto isso?

Algumas sugestões são mais poéticas que outras: "Você deve passar pelas quatro estações, e então estará pronto". Parece maravilhoso, até mesmo romântico, mas é bastante esquisito. Porém, a verdade é que você poderia passar por mil estações e, se você está emocionalmente mal resolvido, nunca se sentirá seguro para amar e confiar novamente. A mensagem oculta de que **o tempo cura todas as feridas** é falsa.

Nossa lista aumentou para:

Não fique triste.
Substitua a perda.
Chore sozinho.
O tempo cura todas as feridas.

Mito 5: Seja forte

Outra ideia incorreta que aprendemos é que temos de **ser fortes** quando lidamos com as emoções ligadas à perda. Ser forte também nos desconecta de nossa resposta normal e saudável a acontecimentos tristes. Ser forte implica que não devemos demonstrar nossos sentimentos tristes aos outros. Se você pensar sobre a frase *seja forte* no contexto das emoções, ela sugere que ter e demonstrar sentimentos tristes indicaria que você é fraco.

Ao longo do tempo, ser forte tem sido relacionado com a ideia de que somente crianças pequenas podem expressar tristeza, porque ser grande significa que você não mostra esses sentimentos. Muitas pessoas conhecem a famosa canção: "Big Girls Don't Cry" (Meninas grandes não choram). Foi a canção mais tocada na América por cinco semanas em 1962 e ainda hoje vemos novas versões para ela. Pode parecer história antiga, mas o título da canção destaca-se como um indicador de que devemos ser fortes. Isso também implica que se você mostra sentimentos tristes, pode ser um peso para os outros, como se sua tristeza fosse uma doença contagiosa.

A ideia de ser forte por nós mesmos implica que também temos que **ser fortes pelos outros**. Francamente, não conseguimos entender como isso poderia ser útil para outra pessoa. Se minto e escondo meus sentimentos, como isso pode ajudar você a sentir-se suficientemente seguro para comunicar seus sentimentos tristes? É, na verdade, o caminho inverso. Quando me comporto como alguém que não tem sentimentos tristes, isso sugere que você também não deveria tê-los.

Achamos que você nunca pensou na ideia de ser forte dessa maneira antes. Baseado nos trinta anos ajudando as pessoas, acreditamos que ser emocionalmente honesto é o que de fato representa ser forte. Isso significa dizer a verdade sobre como você se sente, e se há algumas emoções atreladas a essa verdade, então que seja. No final, damos às pessoas uma escolha simples: **ser forte ou ser humano, escolha um**.

Nossa lista está se expandindo e agora inclui o seguinte:

Não fique triste.
Substitua a perda.
Chore sozinho.
O tempo cura todas as feridas.
Seja forte.

Mito 6: Mantenha-se ocupado

Mantenha-se ocupado é o mau conselho mais comum dado a pessoas emocionalmente arrasadas. É outra ideia perigosa que você precisa identificar. Vimos pessoas transformarem-se em ciclones humanos tentando seguir esse conselho. Nós as vimos exaustas e piores. "Mantenha-se ocupado" é, na verdade, uma extensão de "o tempo cura todas as feridas". A ideia por trás disso é que você pode simplesmente manter-se ocupado e ignorar o que está sentindo, então os dias vão passar e o tempo vai curar você. Absurdo, não é?

Não há nada intrinsecamente errado em manter-se ocupado, mas não é um conselho lógico para lidar com suas emoções. Como a maioria de vocês vai perceber, é muito difícil concentrar-se nos dias e semanas após o rompimento. Isso já torna difícil manter-se focado em qualquer tarefa e ainda o coloca em perigo de cometer erros ou ter lapsos de julgamento. Você também reconhecerá que os sentimentos que sucedem o final de um relacionamento são mentalmente exaustivos e drenam suas forças físicas. Ocupar-se em substituição a modos mais efetivos de lidar com essas emoções pode causar grandes problemas em muitas outras áreas de sua vida.

Muitas pessoas usam o trabalho como uma maneira de manterem-se ocupadas, acreditando que estão sendo mais produtivas. Outras, ainda, limparão obsessivamente ou reorganizarão a mobília. Porém, não importa a forma que isso tome, manter-se ocupado é uma distração dos sentimentos conectados com o fim do relacionamento. Pior, isso contribui para enterrá-los, e eles podem voltar e assombrá-lo mais tarde. É sensato presumir que quaisquer sentimentos que mantemos represados em nós não desapareceram e estão só escondidos. Pego no turbilhão de afazeres que usamos para nos distrair, manter-se ocupado apenas cria uma ilusão de bem-estar. É também razoável presumir que pode haver consequências emocionais e físicas negativas quando não expressamos nossos sentimentos. Como se pode imaginar, manter-se ocupado é o choro distante de uma criancinha que foi encorajada a manifestar todos os seus sentimentos no momento em que ocorreram.

Exercício 1: Identificando os mitos que você usou

Agora é sua vez de participar do primeiro de uma série de exercícios que o ajudarão a descartar toda a bagagem que tem limitado seus relacionamentos. Tudo o que você precisa é uma caneta e um caderno que usará e guardará em local seguro após cada exercício.

Este exercício é simples. Escreva a lista dos seis mitos que acabamos de descrever e pense se você aprendeu algum ou todos eles. Eles representam as ideias mais incorretas que o influenciaram a acreditar sobre como lidar com as emoções tristes, dolorosas ou negativas.

Não fique triste.
Substitua a perda.
Chore sozinho.
O tempo cura todas as feridas.
Seja forte.
Mantenha-se ocupado.

Circule aqueles que têm mais relação com você e pense em quais você usou com mais frequência desde que seu último relacionamento acabou. Ao fazer isso, você pode identificar outras formas que aprendeu sobre como lidar com sentimentos tristes. Se pensar em alguma, escreva. Com essa nova conscientização, você pode perceber que elas não foram realmente úteis. Depois que fizer suas anotações, coloque seu caderno em um local seguro.

Capítulo 3

SENTIMENTOS – BONS, MAUS E PERIGOSOS

Os sentimentos vêm em todas as formas e intensidade: bons, maus e, às vezes, perigosos ou arriscados. Todos temos sentimentos, e os expressamos de maneira única. Alguns de nós somos mais extrovertidos, outros mais tímidos. Mas uma coisa com a qual provavelmente concordaríamos é que o acúmulo de sentimentos tem consequências negativas em nossa vida. De forma mais específica, quando escondemos nossos sentimentos, limitamos nossa capacidade de encontrar e participar por inteiro de um relacionamento. Para aprendermos como lidar de modo eficaz com nossos sentimentos, precisamos ter um melhor entendimento sobre o que na realidade eles são.

O QUE É UM SENTIMENTO?

Grande parte deste livro é sobre como elaboramos os sentimentos ligados ao fim de relacionamentos. Tendo isso em mente, achamos importante você compreender o que queremos dizer quando falamos sobre sentimentos. **Um sentimento é a reação física a um pensamento**. Essa é nossa definição e um paralelo ao que você encontraria no dicionário. Também precisamos esclarecer que a definição aplica-se a todos os sentimentos, independente se são uma reação a pensamentos positivos ou negativos. Para nós, os *sentimentos* e as *emoções* são palavras intercambiáveis.

Veja como aplicamos nossa definição. Quando recebemos más notícias podemos dizer que parece um soco no estômago. Em reação a acontecimentos tristes, podemos nos sentir sufocados e até lutar para respirar. Essas são reações físicas à informação que acabamos de receber. O mesmo é válido quando recebemos boas notícias. A alegria que sentimos em nosso corpo quando sabemos de algo positivo é expressa de muitos modos físicos. Pular de alegria é só um dos exemplos de reação física a uma boa notícia. É muito útil ter a percepção de reações físicas quando falamos sobre sentimentos, em parte porque torna a comunicação mais clara. Isso é importante porque, no mínimo, esperamos ser ouvidos e compreendidos. Quanto mais precisamente relatarmos nossos sentimentos, é mais provável percebermos que os outros compreendem o que estamos dizendo.

Russell recorda como se sentiu quando sua primeira esposa disse que o estava deixando. "Foi direto no meu peito, como se tivesse sido atingido por um caminhão. Então senti um vazio, como se meu coração tivesse sido arrancado do meu corpo." Lendo essa descrição, você pode de imediato entender o que Russell sentiu quando recebeu a notícia. Não é necessário uma interpretação ou análise. É um exemplo claro de um **sentimento como uma rea-**

ção física a um pensamento. É compreensível porque quase todo mundo viveu algo que produziu esse tipo de resposta corporal. Mas mesmo para quem não provou, a ideia de que alguma coisa parece um golpe no peito não é vaga, é concreta e compreensível. Não revela nenhum dos pensamentos ou ideias que passaram pela cabeça de Russell, somente os sentimentos.

A esposa de Russell disse-lhe que estava partindo pelo telefone. Até aquele momento, ele não tinha nenhum indício de que sua esposa estava terrivelmente infeliz no casamento. Quando muito, sabia que eles tinham suas brigas como qualquer casal, mas nada que considerasse sério o suficiente para pôr fim ao casamento. Para Russell foi como uma morte súbita. Mas um final inesperado como esse não é o único tipo que produz sentimentos fortes.

Sabemos que as pessoas são com frequência afetadas pelo *como* o relacionamento acabou. Sabemos que podem ser afetadas por *quem* terminou o relacionamento. Sabemos que há impacto *quando* o fim do relacionamento é resultado de problemas que aumentaram ao longo do tempo. E sabemos que as pessoas, às vezes, sentem-se em uma emboscada *quando* acontece um final repentino e inesperado, como no caso de Russell. Somados às emoções experimentadas que estão relacionadas ao *como*, *quem* e *quando*, o final por si só gera sentimentos. Até mesmo aqueles que queriam, há muito tempo, que o relacionamento acabasse relatam reações físicas poderosas quando finalmente aconteceu.

Em nossos seminários e treinamentos, observamos que quando perguntávamos sobre sentimentos, as pessoas geralmente respondiam contando-nos o que pensavam. Parece que, quase sempre, é como se elas se sentissem mais confortáveis falando sobre o que pensavam do que sobre seus sentimentos.

Sentimentos não comunicados

Se você tem um sentimento sobre algo e não conta a ninguém sobre isso, o que acontece? Simplesmente desaparece do seu subconsciente? Podemos dizer que ninguém consegue dar uma resposta científica definitiva para essa questão, mas é possível sugerir que os sentimentos que temos em reação aos eventos que têm impacto emocional sobre nós não são esquecidos. Se não são esquecidos ou expressados a alguém, é provável que estejamos, de alguma forma, armazenando as memórias desses sentimentos dentro do nosso corpo.

Quando passamos por cima da nossa habilidade natural de dizermos o que sentimos, desenvolvemos o mau hábito de usar nosso corpo como tanques reservatórios em vez de fábricas de processamento. Agora vamos acrescentar o fato de que também aprendemos a limitar a comunicação de alguns de nossos pensamentos e ideias bem como nossos sentimentos. Aprendemos que pensamentos tristes, dolorosos ou negativos não são bem recebidos, então nós os armazenamos também. Portanto, começamos a fazer uma coleção de pensamentos e sentimentos não expressados que congestionam nossa memória e dificultam a nossa participação completa na vida.

Expressamos somente pensamentos felizes

Quando algo bom nos afeta emocionalmente, queremos contar para as pessoas que são importantes para nós. Se você ganha uma promoção no trabalho, você produzirá muita energia emocional em torno disso. Normalmente, você ligaria depressa para alguém e contaria. Se você tem que trabalhar o dia todo e não tem a chance de compartilhar isso de imediato, no fim do dia você contará a novidade para sua família e amigos. Quando você fala sobre isso, é provável que experimentará mais uma vez os sentimentos que teve quando recebeu a notícia. É provável, também, que você continue pensando e falando sobre isso pelo menos por alguns dias. Contar para os outros seus sentimentos felizes é fácil. Quase sempre, as pessoas na sua vida estão ávidas para que você compartilhe seu entusiasmo e felicidade com elas. E é pouco provável que alguém diga "Não fique feliz", em resposta à sua boa notícia.

Você também tem um desejo natural de dividir seus sentimentos de tristeza com os outros. Se você foi preterido em uma promoção, sem dúvida, ficaria frustrado. Seu primeiro instinto poderia ser ligar para alguém e contar. Dizemos "poderia" porque você pode ter aprendido que não é seguro contar aos outros seus sentimentos tristes, porque eles podem dizer "Não fique triste, você conseguirá da próxima vez". Pode ser que, algum dia, você receba a promoção, mas a questão real é que, de fato, você se sente mal *agora*. O que pode acontecer da próxima vez não é o que te preocupa. O fato de que você não se sente seguro para falar abertamente sobre esses pensamentos não significa que esses sentimentos deixem de existir, então você deve tê-los armazenado em seu corpo.

Aprendemos a armazenar sentimentos

Nossas tentativas mais remotas de um relacionamento não duraram para sempre, então provavelmente armazenamos algumas emoções tristes depois que acabaram. É por isso que dedicamos tanto tempo no capítulo de abertura falando sobre as ideias que aprendemos logo cedo na vida e que nos mostram como lidar com sentimentos tristes. E para onde esses sentimentos foram? Se você realmente quer saber, deixe este livro de lado e vá se olhar no espelho. Olhe desde sua garganta até o estômago. É lá que suas emoções reprimidas estão guardadas.

Quando um relacionamento amoroso acaba, há sentimentos e

pensamentos que você precisa discutir. Se você é como a maioria das pessoas, aprendeu todos aqueles seis mitos expostos no primeiro capítulo. Na crise causada pelo fim do relacionamento, sua própria cabeça lhe dirá "não fique triste"; "substitua a perda"; "chore sozinho"; "o tempo cura"; "seja forte" e "mantenha-se ocupado". Sua mente enviará essas seis ideias como um relâmpago, juntamente com qualquer outra que você ache que iria ajudá-lo a lidar com os sentimentos que está tendo. Com essas ideias como suas diretrizes você estaria propenso a manter segredo sobre seus sentimentos tristes. Em vez de dizer às pessoas como você realmente se sente, você agirá como se estivesse bem.

Se seus sentimentos tristes persistem, você pode ouvir esta frase: "Mas já faz tanto tempo! Você já deveria ter superado". Você pode estar dizendo isso a si mesmo. É muito provável que você continue a enterrar os sentimentos tristes recorrentes em seu corpo numa tentativa de mostrar que consegue ser forte. Isso parece certo porque as informações que recebeu durante sua vida toda indicam que se sentir triste é ruim e que não deveria ser compartilhado com outros.

Conhecemos muitas pessoas que, há décadas, têm guardado os sentimentos sobre fatos importantes na vida. Isso acontece a despeito do sistema humano ser perfeitamente projetado para processar e expressar todos os sentimentos em tempo real. Quando seguramos sentimentos no nosso corpo, montamos uma armadilha física e emocional. Como bombas-relógio, eles podem voltar para nos assombrar quando menos esperamos.

Sentimentos armazenados produzem energia

Sem entrar no campo da ciência, achamos que você concordará que as emoções presas em nosso corpo criam energia. Porém, os sentimentos individuais não existem como elementos específicos, concretos e localizáveis dentro do nosso corpo. Embora a ideia de que os sentimentos podem, de algum modo, existir dentro de nós seja mais do que uma metáfora, eles não aparecerão em um raio-X. Mesmo assim, sentimentos não expressados, sejam positivos ou negativos, permanecem dentro de nós até que sejam ditos em alto e bom tom para uma outra pessoa.

Seu ponto de ebulição emocional

Os sentimentos não expressados em seu corpo cozinham até que atingem o *ponto de ebulição emocional.* Imagine o meio do seu corpo como uma chaleira. Pense como uma chaleira funciona. Você a enche com água, coloca-a no fogão, acende o fogo e, depois, espera a água ferver. Quando a água atinge o ponto de ebulição, o aumento de energia faz com que um apito escape do buraco no topo da chaleira para avisá-lo que a água ferveu. Agora imagine o interior do seu corpo, cheio de sentimentos que você nunca expressou. Muitos deles estão lá há muito e, ao longo do tempo, seu corpo os cozinhará do mesmo modo que uma chaleira aquece a água. Conforme a pressão aumenta no interior, nosso corpo tenta nos avisar. Infelizmente, nem sempre ouvimos. Quando nos damos conta de que produzimos toda essa energia, em geral não a relacionamos de forma consciente aos fatos que causaram aqueles sentimentos em primeiro lugar. Essas emoções armazenadas diminuem a possibilidade de relacionamentos felizes.

Comportamento de Alívio de Energia em Curto Prazo

Um Comportamento de Alívio de Energia em Curto Prazo (CAECP) é qualquer coisa que tentamos fazer para liberar a energia emocional que se acumula em nosso corpo. Um CAECP é, também, qualquer atividade que participamos e que nos dá a *ilusão de alívio* do que sentimos. O CAECP mais óbvio e comum é o uso de comida. "Não fique triste; toma, coma uma bolacha" nos inicia muito cedo nesse caminho. Tendemos a ativá-lo cada vez que temos uma crise emocional, ainda que possamos não ter consciência do que estamos fazendo. Alguns dos mais comuns CAECPs são álcool ou drogas, raiva, atividade física, fantasia (tevê, filmes, livros, internet), isolamento, sexo, compras (também chamada compulsão por compras) e vício do trabalho. Estamos certos de que você usou um ou mais itens dessa lista numa tentativa de lidar com as emoções que sentiu quando um relacionamento acabou.

O problema com CAECPs é que eles aparecem para aliviar um pouco da pressão que sentimos, porém, tudo o que fazem é nos distrair dos reais problemas. É por isso que dizemos que criam apenas *uma ilusão de alívio*. Dirigem-se somente ao acúmulo de energia e não ao que o causou em primeiro lugar. Como resultado, não há um alívio permanente. Como as duas últimas palavras indicam, há uma redução em curto prazo da pressão. É a mesma coisa que cortar só os topos de ervas daninhas, que depois crescem de novo. É claro que faria mais sentido arrancá-las pela raiz de modo que desapareçam permanentemente. As pessoas acabam usando dos CAECPs, como cortar ervas daninhas, repetidas vezes, porque o real problema que causou o acúmulo de energia nunca é alcançado.

Quando nossos sentimentos fervem, como no exemplo da chaleira, a pressão dentro do nosso corpo acumula e gera energia real. O fato que está gerando dentro de nós tanta energia emocional pode ter acontecido dias, semanas ou até anos atrás. Podemos usar a comida ou outras alternativas tentando sufocar os sentimentos. Isso só serve para nos distrair temporariamente. Podemos nos lançar no trabalho ou na diversão, forjando uma falsa sensação de bem-estar porque estamos muito ocupados. Podemos mergulhar em livros, filmes, televisão ou computador bem além de nossa normal necessidade de diversão. Seja com o uso de substâncias ou mantendo-nos ocupados, o escapismo apenas forja a ilusão de que estamos lidando com os sentimentos amontoados. De novo, nenhuma dessas atividades alcança diretamente os sentimentos e pensamentos causados pelo fato original.

Com o passar do tempo, essas atividades de curto prazo, em geral, tornam-se hábitos que escondem questões subliminares. Se alguém fere nossos sentimentos e por isso tomamos um litro de sorvete, não lidamos com os sentimentos que nos feriu, mas consumimos uma grande quantidade de calorias. Se temos esse tipo de atitude com frequência, nosso peso e problemas de saúde substituem os sentimentos feridos. Enquanto isso, independentemente de quanto sorvete tomamos, as emoções não expressadas ainda estão presas dentro do nosso corpo.

Consequências negativas de CAECPs

Há consequências negativas em longo prazo para nossa saúde física e emocional quando usamos CAECPs. Em maior ou menor grau, todos nós tentamos dispersar energia emocional com CAECPs. Porém, quando um CAECP vira um hábito, torna-se um problema, encobrindo o fato original que nos fez ativá-lo. Em nenhum lugar isso é mais óbvio do que nossas reações às emoções causadas pelo fim de relacionamentos amorosos.

CAECPs criam uma falsa proteção emocional

Se você usa as compras para forçá-lo a se sentir bem, as faturas do cartão de crédito trarão um novo problema que removerá o fato emocional original de vista. CAECPs não fazem nada para finalizar o que ficou emocionalmente inacabado. No máximo, um CAECP pode liberar um pouco de energia armazenada em seu corpo. Na pior das hipóteses, pode haver consequências maiores que geram problemas que tiram seu coração partido inteiramente de cena.

Em vez de criar uma proteção emocional, o uso de CAECP em geral força a nos protegermos tornando-nos menos honestos com nossas emoções. Isso irá sabotar qualquer novo relacionamento que possamos entrar. Conversamos com milhares de pessoas sobre isso, e mais de 95% nos disseram que a honestidade e transparêcia é o que elas mais querem de seus parceiros. Uma das frases que ouvimos muito hoje é que alguém não estava "emocionalmente disponível". Por infelicidade, muitas das pessoas que reclamaram do fato de um parceiro amoroso não estar disponível não perceberam que elas também não estavam. Não tinham a consciência de sua própria parte até que reconheceram que muitos dos CAECPs que elas trouxeram para a relação eram resultado de relacionamentos anteriores. Elas não estavam emocionalmente disponíveis também.

CAECPs ferem o nosso corpo

Usar CAECPs para lidar com sentimentos armazenados pode fazer seu corpo funcionar mal. As consequências físicas variam de mínimas a mais graves. Uma vez que começam, dominam sua atenção e colocam os problemas originais longe do alcance. Quando isso acontece, é difícil fazer o caminho de volta e lidar com os eventos emocionais originais que as causaram.

Um dos resultados mais óbvios de não lidar efetivamente com os sentimentos é o aumento da tensão. Muitas pessoas sentem essa tensão no pescoço, outras no peito ou no estômago. Todo corpo tem um ponto fraco, e é lá que tudo vai se aculumar quando a pressão aumentar. Se sua coluna é um ponto fraco, então ela vai travar. Se você tem predisposição para doenças cardíacas, a pressão emocional contínua pode ativá-las. A síndrome do intestino irritável tornou-se quase uma epidemia e é típico do que pode acontecer quando armazenamos as emoções. Muitas das alterações físicas que experimentamos são provocadas quando não processamos nossos sentimentos de maneira efetiva. Uma vez que essas alterações emergem, tornam-se problemas presentes e precisam ser tratadas imediatamente. A essa altura, as preocupações acerca dos relacionamentos que acabaram estão ainda mais longe do alcance enquanto lidamos com nossa saúde.

Explosões emocionais

Quando o acúmulo de emoções dentro do nosso corpo atinge uma situação crítica, estamos sujeitos a explodir. Como a maioria das pessoas, você provavelmente armazenou muitos sentimentos sobre relacionamentos que acabaram. Pense no que aconteceria se você acrescentasse outro final de um relacionamento para essa mistura combustível. Sem dúvida alguma, isso levaria sua pressão interna aos níveis mais altos, mas seu sistema de crença ainda lhe diria para manter o assunto em segredo e não contar aos outros. O efeito é como o de uma chaleira sobre uma chama muito alta, mas sem a válvula para liberar o vapor ou emitir o sinal sonoro. Seu corpo não é diferente. Se você aplicar calor suficiente por um longo tempo e, depois, acrescentar mais um evento emocional, a pressão interna será maior do que você pode tolerar. Uma explosão é inevitável. Se você alguma vez parou para pensar porque explodiu, agora você sabe. É o resultado direto de usar seu corpo como um tanque de armazenamento emocional.

Ao ler isso, você pode perceber também que havia tempos em que você e seu antigo companheiro explodiam ao mesmo tempo. Que confusão! Pegue duas *chaleiras humanas* transbordando de emoções não expressadas de uma vida toda, acrescente as emoções causadas por uma discussão, e você terá todos os ingredientes para uma explosão.

Guardar os sentimentos esgota a energia

Guardar os sentimentos consume muito mais energia do que expressá-los. É exaustivo arrastar a bagagem por onde quer que você vá. Você deve estar pensando agora porque se sentiu tão exausto por longos períodos após um rompimento. Você pode perceber também que tomou algumas decisões precipitadas enquanto sua chaleira estava ocupada esquentando os sentimentos que você armazenou. Embora você pudesse não ter consciência do que estava fervendo dentro de você, provavelmente percebeu os efeitos sobre sua capacidade de se concentrar. Sua vida segue melhor quando você processa seus sentimentos no momento em que eles ocorrem, em vez de armazená-los.

Sobrecarga conduz de volta aos CAECPs

Quando seu corpo fica sobrecarregado com um acúmulo de emoções, você vai cometer cada vez mais CAECPs. Você continua fazendo isso enquanto a pressão aumenta. Eventualmente, os CAECPs podem até mesmo perder o benefício de distraí-lo em curto prazo. A ilusão de bem-estar que eles trazem uma hora vai parar de funcionar. Mas, já que você não tomou nenhuma atitude para finalizar o que ficou emocionalmente inacabado em seu relacionamento, a pressão continuará a subir.

Algumas pessoas pensam que uma maneira de evitar o aumento da energia emocional é falar sobre o que estão sentindo. Mas você deve tomar cuidado e perceber que fazer isso não vai automaticamente ajudá-lo a evitar explosões ou parar de usar os CAECPs. É perigoso acreditar que tudo o que você precisa fazer é falar sobre seus sentimentos. Nós todos conhecemos pessoas que falam sobre seus sentimentos dolorosos sem parar. Para elas, falar sobre seus sentimentos torna-se um CAECP. São as pessoas que você evita, às vezes, porque contam a mesma história triste várias e várias vezes. Quando você vê pessoas assim, percebe que somente falar sobre como se sentem não significa que você nunca criará alguma bagagem para arrastar adiante.

Falar sobre como se sente é bom até certo ponto, mas não fecha o ciclo das emoções causadas pelo fim de um relacionamento. Falar sobre os mesmos sentimentos repetidas vezes é comparável a tomar aspirina toda vez que sua cabeça dói, mas nunca investigar a causa da dor de cabeça. O que você deve aprender são as ações que o ajudarão a terminar seu relacionamento com os eventos dolorosos que fizeram você se sentir mal.

CAECPs E HÁBITOS ESPECÍFICOS PARA FIM DE RELACIONAMENTOS

Em uma crise voltamos às nossas velhas crenças e comportamentos. Automaticamente, cederemos aos CAEPCs que usamos com maior frequência. Ao mesmo tempo, os hábitos que desenvolvemos como reação à perda também produzirão efeitos. Um dos hábitos mais comuns que se seguem a um rompimento é a tentativa de substituir a perda. As pessoas saem correndo e começam a namorar alguém novo enquanto ainda possuem uma flecha atravessada no coração. Falamos sobre trazer a bagagem para um novo relacionamento, e isso faz sentido quando você percebe que, para a maioria de nós, substituir a perda é uma das ideias mais antigas que aprendemos. Algumas pessoas ativam o hábito de substituir a perda antes mesmo do fim, quando veem que o relacionamento está indo por água abaixo. Começam a levantar números de telefone e a enviar mensagens. É óbvio que esse tipo de ação de modo algum resolve diretamente os sentimentos que elas têm acerca do relacionamento que está prestes a acabar.

"Substitua a perda" é um hábito que se aprende cedo e é usado muitas vezes ao longo da vida. Deixe-nos ilustrar estabelecendo uma relação entre a história da garotinha da pré-escola, a mesma menina dez anos mais tarde já na adolescência, e depois como uma jovem mulher de 25 anos. Quando seus colegas da pré-escola disseram-lhe que não queriam mais ser seus amigos, seus pais disseram-lhe que não ficasse triste e que fizesse novos amigos. Quando ela tinha quinze anos, um menino, com quem estava saindo, disse-lhe que não queria ficar mais com ela. É muito provável que ela tenha ouvido a mesma frase que Russell em uma situação semelhante: "Não fique triste, há muitos peixes no mar". E, aos 25 anos de idade, depois de um noivado desfeito, pode ser que ela tenha ouvido: "Não fique triste, há muito mais por aí". Você reconhecerá a última parte desse comentário como outra variação de "substitua a perda". Junte os três e há uma forte probabilidade de que a menina levará o sentimento de tristeza para o interior do corpo e começará a busca pela reposição logo em seguida. Para agravar, haverá muitos amigos e aliados fazendo fila para ajudá-la a encontrar novos recrutas.

Além de praticar "substitua a perda", a garotinha/adolescente/jovem/mulher provavelmente usou comida ou outras distrações para lidar com as emoções dolorosas. É provável que ela, agora, tenha alguns hábitos, que chamaríamos de CAEPCs, os quais usa quando se sente mal. Na crise causada por seu último rompimento, ela usará um ou mais CAEPCs na tentativa de lidar com suas emoções. Também, usará qualquer outra ideia que aprendeu para lidar com seus sentimentos tristes enquanto titubeia sob o peso emocional da separação. Ela pode tentar ser forte, procurando esconder seus sentimentos para que outros não a considerem fraca. Pode lançar-se em um turbilhão de atividades, usando a ideia de manter-se ocupada para distrair-se do que está sentindo. Isso parece que não a levará a lugar algum, não é?

Quando todas as tentativas indiretas de lidar com seus sentimentos falharem, ela pode desistir completamente de namorar e tornar-se cética sobre algum dia encontrar a felicidade.

O ódio do passado afeta o futuro

O ódio é um dos CAEPCs mais comuns para pessoas que têm acumulado suas emoções dentro do corpo. Quando um relacionamento está indo por água abaixo, há uma forte probabilidade de que os sentimentos serão armazenados, gerando o ódio. Quando um relacionamento acaba, o ódio pode aumentar dramaticamente.

Isso pode ser limitante quando você tenta construir uma nova relação que é baseada na honestidade emocional.

Como as pessoas usam os CAEPCs

Aqui temos dois exemplos da vida real de como as pessoas usam os CAEPCs. Você pode se identificar com um deles ou com ambos, e isso mostrará que não está sozinho na busca do alívio em curto prazo.

A cura pelo sorvete

Nossa amiga Jane nos contou sobre sua tentativa de usar o sorvete para curar seu coração partido. Depois de quatro anos de brigas e reconciliações, ela e Todd se separaram. Embora estivesse aliviada que as guerras haviam acabado, ela ficou com um sentimento esmagador de vazio. Na terceira noite após a separação, viu-se caminhando em direção ao *freezer*. Sua mente dizia: "Preciso comer algo para me sentir melhor", então decidiu tomar sorvete. Naquela noite, ela consumiu um pote de sorvete de menta com pedaços de chocolate. Na noite seguinte, ela tomou um litro de *rocky road*.[1] Quanto mais depressiva se sentia por causa de Todd, mais recorria ao sorvete. Em pouco tempo, ela dispensou a taça e simplesmente passou a comer direto do pote.

Durante os meses que se seguiram, ela engordou 4,5 kg e nem se importou, mas essa foi apenas uma das consequências. A sensação de bem-estar que ela tinha toda noite ao tomar sorvete tornou-se a única coisa pela qual se interessava. Mas a sensação durava pouco e, no dia seguinte, ela se torturava com remorso pelo que tinha feito na noite anterior. Seus sentimentos de tristeza reapareciam e ela começava o ciclo novamente. Por algum tempo a cada dia ela era derrotada pela crença absoluta de que jamais seria feliz em um relacionamento. Isso, é claro, era motivo para voltar ao *freezer*.

1. *Rocky Road*: sorvete de chocolate com amêndoas e *marshmallow*. Está entre os dez favoritos dos americanos. (N.T.)

Brent foi do álcool aos vídeos

A história de Brent é interessante e um tanto incomum. Ele instigava o fim do relacionamento e, então, ficou devastado quando Mary concordou. Ele nos disse: "Acho que pedia a separação como uma forma de tentar fazer com que a Mary mudasse. De algum modo, acreditava que se ela pudesse ser diferente, nosso relacionamento melhoraria. Eu a irritava, tentando fazer com que fosse para a terapia ou meditação, qualquer coisa. Quanto mais eu forçava, mais ela recuava. Quando pedi o fim, ela se foi num instante".

Após a separação, Brent começou a tomar vários drinques toda noite para aliviar a dor. Durante algum tempo, pareceu funcionar. Ele bebia o suficiente para fazê-lo esquecer de como se sentia. As manhãs eram um pouco difíceis, mas parecia um preço pequeno a pagar pelo alívio de não ter de lidar com as emoções que o estavam rasgando ao meio. Mas, após alguns meses, a bebida não resolvia mais. Ele começou a alugar filmes e sentava num canto escuro toda noite, assistindo a um filme após o outro. Embora se distraísse com os filmes, quando ia para a cama, o buraco em seu coração permanecia.

Exercício 2: Identificando seus CAEPCs

É tempo de olhar o que você tem feito para tentar lidar com seus sentimentos. Cada um de nós usa uma variedade de CAEPCs para lidar com o divórcio ou com os rompimentos que afetaram nossa vida. O atletismo fez parte da juventude de John, ele passava muitas horas praticando os esportes que amava. É claro que havia benefícios em melhorar suas habilidades nos jogos dos quais participava, mas não fez nada para reparar a dor causada pelo fim dos relacionamentos. Russell tendia a isolar-se e ficava horas sentado em frente a máquinas de fliperama (nos dias de hoje ele seria o rei dos videogames). Mas essa habilidade não fez nada para ajudar Russell a lidar com as emoções que tinha experimentado ou para reduzir o medo que ele tinha de se machucar novamente.

Quando ficaram mais velhos, cada um deles encontrou outros CAEPCs. John usava álcool até o ponto em que isso dominou sua vida. Ele teve que parar completamente de beber para continuar vivo. Russell passou a ler romances de mistério e espionagem. Ele passava cada minuto do seu tempo livre na pele dos heróis e vilões sobre os quais lia.

É hora de pegar seu caderno outra vez. Listamos alguns dos CAEPCs mais comuns para ajudá-lo a reconhecer comportamentos que você usou para lidar com os sentimentos tristes, não importando o que possa tê-los causado. Queremos que você olhe para a lista e, em seguida, escreva aqueles que você usou. Depois, acrescente algum que não esteja na lista. Para começar, veja a nossa lista:

Comida
Álcool e drogas
Ódio
Exercício
Sexo
Fantasiar (música, filmes, tevê, livros, computador)
Isolamento
Compras (também chamado compulsão por compras)
Vício do trabalho

Depois de escrever todos os seus CAEPCs, pense nos que você mais usava quando seus relacionamentos acabavam. Circule-os na lista. Ao pensar e escrever sobre isso, por favor, não seja crítico de si mesmo ou de seu comportamento. Após terminar, coloque seu caderno em um local seguro.

Capítulo 4

VOCÊ É RESPONSÁVEL PELOS SEUS SENTIMENTOS

A sugestão de que você é responsável pelos seus sentimentos pode ser uma declaração óbvia, mas só saber disso não é suficiente. Ter essa consciência não significa que você consegue evitar a armadilha de atribuir a responsabilidade dos seus sentimentos a outras pessoas. Em incontáveis finais de relacionamentos, os problemas começaram quando um ou ambos os parceiros não compreenderam de quem era a responsabilidade emocional. Com raríssimas exceções, ambos os parceiros em relacionamentos frustrados atribuíram a culpa por seus sentimentos à outra pessoa. Como resultado, nenhum dos dois queria olhar para si mesmo. Tal pensamento gera uma mentalidade de vítima, torna a finalização de relacionamentos anteriores impossível, antecipando, assim, o fracasso do próximo.

Precisamos, em primeiro lugar, tratar do assunto da responsabilidade pelos sentimentos. Você deve estar se perguntando: "Mas e se meu companheiro disse ou fez alguma coisa que realmente me feriu?" Nossa resposta continua a mesma. Você é responsável por seus sentimentos mesmo que acredite que as palavras ou ações de outra pessoa possa tê-los inicialmente causado. Por mais difícil de acreditar, mesmo se a outra pediu-lhe desculpas pelo que fez, você pode ter sustentado o ressentimento e arrastado seus sentimentos adiante como bagagem emocional.

A falsa ideia de que os outros têm o poder de nos deixar tristes é enxertada na infância. Não é intencional. Ao contrário, é parte do repasse de informações incorretas das muitas gerações, mesmo nas famílias mais saudáveis. As situações nas quais originalmente aprendemos as coisas podem não parecer ter correlação direta com os relacionamentos amorosos. Ainda assim, quando examinamos mais de perto, vemos que muito do que aprendemos tempos atrás volta para nos assombrar no exato momento em que precisamos de melhores informações.

Lições de vida à mesa do jantar

Você provavelmente não se surpreenderá quando dissermos que muito do que você acredita – bom ou mal – você aprendeu na mesa do jantar. Quando éramos pequenos, a maioria de nós ouviu coisas do tipo "Não faça isso, seu pai vai ficar bravo" ou "A mamãe está muito orgulhosa do seu boletim". Aparentemente, esses comentários parecem inofensivos. Mas visualizá-los com um microscópio emocional expõe o terreno fértil para um dos maiores problemas nos relacionamentos: atribuir responsabilidade pelos seus sentimentos. Como isso realmente acontece é algo que pode surpreendê-lo. Quando os adultos dizem "Você me faz sentir", ensinam às crianças que suas ações provocam sentimentos nos adultos. Isso sugere que o adulto não é responsável por seus sentimentos. E, pior ainda, ensina à criança que ela não é responsável por seus próprios sentimentos.

Uma criança que ouve "Não faça isso, seu pai vai ficar bravo", irá para a escola com sua própria versão disso. Quando ela tiver uma reação negativa frente a uma situação de dificuldade, e sua defesa será "Fiz isso porque Jimmy me deixou bravo". É uma fórmula simples: se eu posso deixar o papai bravo, então o Jimmy pode me deixar bravo. E nada disso é culpa minha ou minha responsabilidade porque "*ele* me deixou bravo". Quando somos condicionados a acreditar que os outros nos causam sentimentos, isso se torna nossa configuração padrão. A realidade é que somos 100% responsáveis por nossas reações ao que as outras pessoas dizem ou fazem. Mas quando há um problema, automaticamente buscamos nosso sistema de crença que informação temos sobre os pensamentos ou sentimentos que estamos tendo. É quando aplicaremos a ideia de que alguém está causando esses sentimentos e os consideramos 100% responsáveis.

A separação de Elizabeth – Responsabilidade no lugar errado

Para demonstrar o que pode acontecer quando transferimos a responsabilidade pelos nossos sentimentos para algo externo, veja como facilmente podemos desviar-nos dos nossos reais problemas. Elizabeth contava sua história triste com um foco total no fato de que Kevin anunciou que estava partindo três meses antes do Natal. Ela ficou chocada. Ela acreditava que, por ter feito isso naquela época, ele era totalmente responsável pela devastação que sentia. Ela nos contou que estava tão certa sobre o *quando,* que ignorou completamente o fato de que o relacionamento estava em declínio há muito tempo.

Com o foco totalmente no *como* e *quando* o fim aconteceu, e não no *porquê*, ela continuava a fazer de Kevin o vilão. Ela considerava exclusivamente o modo *como* ele terminou o relacionamento o responsável por como ela se sentia. Ela se eximia de qualquer responsabilidade pelo que tinha acontecido durante os anos em que estiveram juntos. Nessa perspectiva, não havia como ela se recuperar emocionalmente.

Saindo da prisão emocional

Quando você considera alguém 100% responsável por seus sentimentos, coloca-se numa prisão emocional. A outra pessoa nunca deixa você sair de uma cadeia construída por você. Odiamos ter que dar a você uma má notícia, mas ninguém virá libertá-lo. Isso é serviço seu. Não estamos exagerando. Pense sobre alguns dos eventos e discussões que aconteceram nos seus relacionamentos amorosos passados. Pense sobre quão fielmente seu parceiro apegou-se à sua posição sobre quem fez o que a quem. Pense sobre quanta energia você consumiu na sua crença de que ele era responsável por como você se sentia.

Já é ruim considerarmos a outra pessoa responsável por como nos sentimos quando um relacionamento acaba, mas a situação se intensifica quando terceiros nos dizem que a culpa é do outro. Pessoas bem-intencionadas dizem coisas assim: "Não é sua culpa; ele sempre foi tão rígido". O comentário de que não é sua responsabilidade é quase sempre seguido de um exemplo do que a outra pessoa fazia de errado. Com esse tipo de *input*, raramente assumimos a responsabilidade por algo que fizemos no relacionamento. Tampouco assumimos a responsabilidade pelos sentimentos que tivemos quando o relacionamento acabou. Temos a tendência de acusar o outro pelo que aconteceu e por como nos sentimos. É tudo parte da mentalidade de vítima que nos mantém cegos em relação a nossa parte. Também nos tira a responsabilidade de ter escolhido estar ou permanecer com aquela pessoa. A mentalidade de vítima não acontece por acaso, nem aconteceu pela primeira vez na época de seu último rompimento. As rodas foram postas em movimento muito tempo atrás.

A única verdade é que você é responsável por todos os sentimentos que teve em reação ao que seus companheiros disseram ou fizeram. Por hora, permita-se pensar somente na sua parte. Quantas vezes você sentiu que ele ou ela causou os sentimentos? Você não precisa pegar seu caderno e fazer uma anotação formal disso ainda, mas realmente queremos que você pense sobre essa questão. Seja o mais honesto possível em relação a sua parte. Isso o ajudará a fazer seu próximo exercício e o capacitará a assumir mais responsabilidade pelos seus sentimentos nos futuros relacionamentos amorosos.

Também somos responsáveis por nossa intuição

Você é tão responsável pelo seu desejo de seguir sua intuição quanto pelos sentimentos que tem em reação a pessoas e eventos. Se você conseguir aceitar que é responsável por suas reações emocionais, então o próximo passo é aceitar que é responsável por seguir sua intuição. Isso é crucial, porque, quando você deixa de seguir sua intuição ao ter um encontro e começa um relacionamento, as consequências são geralmente maiores.

A intuição é um sistema de aviso antecipado – Negligenciá-lo é perigoso

Sua intuição é o mais preciso indicador do que é bom e certo para você. É o que lhe dá um aviso preciso e antecipado quase que imediato. Infelizmente, sua intuição pode ter se perdido no mesmo período em que você estava sendo influenciado a acreditar que os outros eram responsáveis por como se sentia. Interagimos com milhares de pessoas que vieram até nós devido a um ou mais relacionamentos desfeitos. Perguntamos a elas, individualmente e em grupos, se havia existido um momento em que sabiam que a pessoa com quem estavam não era a certa para elas. É provável que você não fique surpreso de saber que várias sabiam muito antes do final que não ia dar certo. A maioria sabia antes mesmo no início do relacionamento, mas escolheram ficar, e no final, o estrago acumulado era muito maior do que poderia ter sido se elas tivessem terminado o relacionamento quando souberam pela primeira vez que não daria certo.

Podemos dizer que aproximadamente 80% das pessoas que ajudamos nos disseram que tinham rejeitado sua intuição em um ou mais relacionamentos. Como resultado, causaram a si próprias (e aos outros) um estrago emocional tremendo ao entrarem e permanecerem em relacionamentos, que sabiam que não dariam certo. O denominador comum era que todas elas permaneceram por muito tempo depois, causando dor e fazendo com que ficasse cada vez mais difícil sair do relacionamento. Já que 80% é um número bastante significativo, podemos dizer com segurança que a maioria de vocês, leitores, tenham feito o mesmo.

O PAPEL DO COMPROMISSO

Somos questionados com frequência se é verdade que o compromisso é um elemento importante para o sucesso dos relacionamentos amorosos. Nossa resposta é um sonoro *sim*! Somos questionados também se é verdade que as pessoas tem de investir nos relacionamentos, que o amor sozinho não é suficiente para alcançar o sucesso. Mais uma vez, a resposta é sim! Mas a questão crucial não está relacionada ao compromisso ou quanto você investe no relacionamento, e sim ao que a sua intuição diz sobre pertencer ou não à outra pessoa. Já que a maioria de nós aprendeu a não confiar em nossa intuição, fica difícil entrar em sintonia quando precisamos dela. Por hora, vamos pedir a você que pense sobre sua intuição e, especificamente, se passou por cima dela quando entrou nos relacionamentos amorosos. Não precisa pegar seu caderno ainda, mas deixe sua mente vagar de volta aos relacionamentos que teve. Pense no que sabia e quando sabia. Quanto mais honesto for sobre si mesmo, melhores serão as chances de recuperar-se dos relacionamentos passados e evitar as mesmas armadilhas no futuro.

AUTOSSABOTAGEM COMEÇA COM VOCÊ

Ao olhar para as questões que apresentamos, você pode ver que tem sido um arquiteto pelo menos parcial de alguns dos seus desastres. Não porque você é mau ou tolo, mas porque tem praticado e aperfeiçoado o que lhe ensinaram. A primeira razão pela qual você pode ter sabotado um relacionamento que poderia ter sido "o certo" foi que você pensou, da maneira incorreta, que protegeria suas emoções. Se lhe dizem para não ficar mal após uma separação, mas você fica mesmo assim, então você tentará evitar o sentimento ruim novamente. Qual é a melhor maneira de evitar ferir seus sentimentos? Não se apegue a ninguém emocionalmente! Quando você se preserva de seu parceiro, está preparando o fim.

A autossabotagem é, em geral, inconsciente em vez de intencional. A maioria de nós não fica sentado pensando maneiras de destruir nossos relacionamentos. O *como* isso acontece é menos importante do que o impacto que tem sobre nós quando percebemos que contribuímos para o fim de um relacionamento. Temos certeza de que você repassou várias vezes os cenários que levaram ao fim de seus relacionamentos. Até agora, você pode não ter tido a perspectiva de que está lucrando com este livro. Você provavelmente não tinha consciência de que a maior parte do que estava fazendo era uma resposta direta ao que tinha aprendido e praticado por um longo tempo. O problema é que muito do que aprendeu não foi útil. Você pode até ter sido duro consigo em relação aos seus erros. O próximo exercício o ajudará a descobrir mais sobre a sua parcela de responsabilidade no que tem ou não acontecido em seus relacionamentos amorosos.

Exercício 3: Identificando sua parte no que deu errado

Veja aqui um exercício em três sessões para ajudá-lo a descobrir sua parte nos relacionamentos que teve. Até que você a identifique, você não pode tomar atitude para completá-los. Sem isso, você realmente não pode fazer nada novo e diferente para conseguir melhores resultados. Você precisará do seu caderno para escrever suas observações nas três áreas que estamos discutindo: responsabilidade emocional, intuição e autossabotagem.

1. Os outros são responsáveis pelo que sentimos

"Ele me deixava louca" é o clássico exemplo de como os outros nos fazem sentir algo. Escreva qualquer comentário semelhante que você ouviu quando era pequeno que o influenciou a acreditar que os outros eram responsáveis por como você se sentia. Depois, pense nas vezes em que pensou ou mesmo disse que seu parceiro fez você se sentir bravo, triste ou frustrado. Por mais doloroso que possa parecer, tente lembrar de algumas discussões que teve. Isso pode ajudá-lo a lembrar que você atribuiu responsabilidade pelos seus sentimentos a outra pessoa. Escreva qualquer coisa que lembrar que esteja relacionada a responsabilizar alguém pelo que você sentiu. Mesmo que não consiga se lembrar de nada específico, só pensar sobre isso já será útil.

No mínimo, esperamos que você entenda a ideia construída na frase: "Ele me deixava louca". Milhares de pessoas nos relataram que a questão fundamental sobre quem é responsável pelos sentimentos afetou negativamente seus relacionamentos. Se você responsabilizar os outros pelo que sente, ficará preso para sempre.

2. Passando por cima da intuição

Queremos que você pense novamente sobre alguns relacionamentos que teve e veja se consegue lembrar quando você "soube" que não era o certo para você, mas continuou investindo. Apenas queremos que você veja se sabia que o relacionamento não ia dar certo, mas seguiu em frente mesmo assim.

Se você acredita que passou por cima da sua intuição em algum momento, em qualquer um de seus relacionamentos, escreva. Veja se consegue lembrar em que momento do relacionamento isso aconteceu. Faça anotações das ideias que usou que justificasse levá-lo adiante. Seja o mais honesto possível. Esse é um ponto crucial e a honestidade no tocante a isso pode ajudá-lo no futuro.

3. Autossabotagem

A razão mais comum que leva uma pessoa a sabotar os relacionamentos é o fato de estar tentando se proteger de se machucar novamente. Isso acontece quando não sabemos como compensar a dor causada quando as relações amorosas acabam. Queremos que pense sobre seus relacionamentos amorosos anteriores com a ideia de que seu medo de machucar-se novamente pode tê-lo limitado a ser aberto e honesto à um novo. Fique focado na sua parte e não na do outro. Se você tem a sensação de ter causado alguns dos problemas que levaram ao fim do relacionamento, escreva.

Seja o mais específico possível sobre o que fez, se o fez conscientemente ou não. Embora você possa não ter percebido o que estava fazendo na época, ao refletir sobre isso, pode ver a sua parte agora.

Após terminar, coloque seu caderno em um local seguro.

Capítulo 5

Dizemos que estamos bem quando não estamos

Quando John escreveu seu primeiro livro sobre como lidar com a perda, ele criou uma categoria de prêmio imaginário que chamou de Oscar da Recuperação. Esse prêmio é para aquelas pessoas que estão constantemente dizendo: "Estou bem", quando na verdade não estão. Imaginação à parte, os sentimentos que as pessoas têm logo após perdas dolorosas são muito reais. A mentira do "Estou bem" desenvolve-se quando as pessoas dizem a verdade sobre como se sentem em resposta às perdas e, depois, alguém insiste em dizer a elas que não deveriam sentir-se daquele jeito. Cada vez que isso acontece, elas se sentem julgadas por se sentirem mal. Já que ninguém jamais gosta de sentir-se julgado, as pessoas aprendem muito rapidamente a esconder seus reais sentimentos.

Já faz mais de vinte anos que John colocou no papel aquelas palavras sobre o Oscar da Recuperação. Quando escreveu aquela frase, não tinha noção de quantas pessoas se identificariam com a ideia contida na metáfora. Cada vez que conversamos ou escrevemos sobre isso, as pessoas nos dizem que a ideia do Oscar da Recuperação continua sendo um fator de identificação muito alto com a necessidade de esconder sentimentos tristes ou dolorosos. Adoraríamos relatar que o mundo mudou. Adoraríamos dizer a você que agora é seguro dizer a verdade quando tiver sentimentos tristes ou dolorosos. Adoraríamos, mas não o faremos. Se fizéssemos, estaríamos mentindo.

Quatro perguntas que explicam o problema

Aqui está uma sequência de quatro perguntas que fazemos quando nos dirigimos a grandes grupos de pessoas e as respostas que tipicamente nos dão:

Parte 1: "Quantos de vocês gostam de ouvir mentiras?

Nenhuma mão sequer levantada.

Parte 2: "Quantos de vocês já mentiu quando perguntaram 'Como você se sente?'"

Mais de 95% das pessoas levantam a mão em resposta.

(Grande pausa aqui, enquanto as pessoas olham ao redor para ver quantas mãos estão levantadas, então acrescentamos: "Parece que nenhum de vocês gosta de ouvir mentiras, no entanto, cada um de vocês mente sobre seus sentimentos".)

Parte 3: "Quantos de vocês geralmente sabem que alguém está mentindo a respeito de como se sente?"

Novamente, quase todas as mãos levantaram-se.

(Nós então fazemos esta pergunta um tanto retórica: "Se você sabe quando outras pessoas estão mentindo, não parece óbvio que elas também saibam quando você está mentindo?")

Parte 4: "Não é bom quando você percebe que alguém está mentindo para você, certo?"

Quase todos na plateia menearam a cabeça negativamente.

(Mais uma vez nos deparamos com uma questão óbvia: "Não é bom quando os papeis são invertidos, não é?")

Agora faça essas perguntas a si mesmo. Há uma grande probabilidade de que suas respostas sejam iguais às da maioria das pessoas às quais perguntamos.

Vamos contextualizar estas questões. As pessoas que estão lidando com o período emocional logo após um rompimento amoroso têm uma necessidade e um desejo de conversar sobre **o que aconteceu**. Elas também precisam e querem conversar sobre como era o relacionamento. Mas sentindo-se julgadas pelos comentários que ouviram após um rompimento, começam a mentir sobre como se sentem. Esse é um convite direto para armazenar sentimentos e para uma explosão emocional em algum momento no futuro.

Não temos dúvida de que você experimentou um ou mais rompimentos amorosos devastadores. Sabemos que a maioria das pessoas tentou falar sobre seus sentimentos àqueles que pensava que poderia confiar, para ouvir algo do tipo: "Não fique triste... logo você encontrará alguém melhor". Estamos certos de que você pode relatar ter tentado parecer recuperado para evitar ouvir esses tipos de comentários. Também sabemos que, após um tempo, você provavelmente tentou não dizer ou mostrar às pessoas como se sentia. Finalmente, sabemos que os sentimentos presos dentro de você foram adicionados à bagagem, o que faz com que seja quase impossível para você fazer algo diferente e, portanto, conseguir melhores resultados.

Resignação mascarada de aceitação

Muitas pessoas nos dizem que alcançaram a aceitação no que diz respeito aos relacionamentos que acabaram. Mas, após algumas conversas honestas, elas começam a perceber que o que tinham alcançado poderia ser melhor definido como resignação. A aceitação é um conceito que tem crescido em popularidade conforme tem se adotado cada vez mais a linguagem da psicologia. Adquiriu o significado de que alguém está resolvido em relação a um rompimento anterior e está pronto para seguir em frente. Infelizmente, esse não é o caso. O problema é que as pessoas não adotaram ações reais para finalizar os relacionamentos passados quando trabalham sob a ideia de que chegaram à aceitação. O que elas realmente não percebem é que a aceitação de uma situação não é igual a acabar com o impacto emocional causado pelo fim do relacionamento.

Aprofundando um pouco mais, a maioria das pessoas descobre que enterrou a história inacabada do relacionamento anterior, sem perceber que isso voltaria para assombrá-las. A resignação é o resultado indireto de tentar seguir em frente sem realizar ações reais para finalizar o relacionamento que acabou. Há uma enorme diferença entre conclusão e resignação.

No passado, poderíamos usar a idéia de aceitação para definir uma posição da qual você começava a pensar em namorar novamente visando encontrar um companheiro de vida. Mas, com o passar dos anos, acabamos nos dando conta de que a aceitação pode ser uma palavra confusa e não indica de verdade que alguém está emocionalmente resolvido em relação aos relacionamentos passados. Sem a elaboração de antigos relacionamos, a bagagem é arrastada para os próximos.

Superar *versus* Concluir

Outro conceito que confunde as pessoas que estão buscando voltar ao mundo dos relacionamentos é a ideia de superar o que acabou. **O problema é que superar implica esquecer**. A realidade é que você não consegue esquecer alguém que foi importante para você. O fato de você se lembrar de pessoas que afetaram sua vida não significa que você não superou o que aconteceu. Também não significa, necessariamente, que você está emocionalmente resolvido em relação a elas. Significa apenas que você lembra delas e da importância de seu relacionamento com elas.

Para estar emocionalmente recuperado, você vai ter que mudar algumas de suas crenças sobre o que certas coisas significam. Você deve repensar a noção de "superar". Se você continua a ter sentimentos tristes em relação à pessoa com quem não convive mais, os outros poderão sugerir que você não a esqueceu. Isso não é verdade. Se fosse, então quando você afetuosamente lembra dela significaria que você não a esqueceu. Um rompimento não apaga suas lembranças acerca de tudo o que aconteceu no relacionamento, mas isso não quer dizer que você ainda sinta algo em relação ao outro.

Há uma diferença entre *terminar* um relacionamento sem ter realizado sonhos e expectativas, e *esquecer* alguém que foi muito importante em sua vida. A primeira é possível, a segunda não. Você pode ter *superado um fracasso*, mas você pode *não ter esquececido.*

Seguindo em frente

Ao concluirmos a parte I, queremos mencionar um daqueles clichês que temos certeza que você já ouviu muitas vezes quando os relacionamentos acabaram. "Deixe pra lá e siga em frente". Parece bom, mas no final é um conselho muito ruim. Antes de tudo, o que isso significa? Deixar pra lá e seguir em frente para onde? Em segundo lugar, como eu deixo algo que foi emocionalmente importante para mim e onde irei parar se o fizer? Terceiro, se tenho lembranças boas do relacionamento, terei que perdê-las quando me recuperar das dolorosas? Essas perguntas são exatamente o que não está expresso em: "Deixe pra lá e siga em frente".

O que você pode perceber agora é que uma parte do que você tem carregado é toda a informação errada que adquiriu sobre como lidar com a perda em primeiro lugar. À medida que você se torna mais consciente de como tem lidado com os sentimentos associados ao término de relacionamentos, será capaz de encerrar o que ficou emocionalmente inacabado nas relações anteriores. Você, então, tem a real possibilidade de seguir em frente e encontrar um relacionamento que seja certo para você. Ao prosseguirmos, nós o ajudaremos a ver especificamente o que você deve fazer para seguir em frente. Você será capaz de guardar as lembranças boas sem que elas se tornem dolorosas e de finalizar tudo o que ficou emocionalmente inacabado e não mais carregará uma bagagem emocional.

PARTE 2

ESCOLHAS PEQUENAS E CORRETAS

A finalização de relacionamentos anteriores é alcançada por uma série de escolhas pequenas e corretas. Você já fez várias escolhas e realizou ações a partir delas. Lendo a primeira parte deste livro e seus primeiros exercícios, você já tomou conhecimento de que:

- existe um problema.
- este problema está associado aos relacionamentos passados inacabados.
- tem desejo de resolver seu passado para começar de novo.

Ao fazer os exercícios nos capítulos anteriores, você começou a realizar ações com base no que é verdadeiro para você. Embora esse seja um bom começo, ainda há muito a ser feito. Vamos, agora, pedir a você que cave um pouco mais fundo.

Capítulo 6

A VERDADE SOZINHA NÃO LIBERTA

Há uma expressão famosa que diz: "Conheça a verdade e ela te libertará". Por mais verdadeira que possa ser, precisamos analisar a frase. Apesar de respeitar a ideia original, gostaríamos de reforçar a expressão e torná-la mais prática para você:

Encare a verdade da sua vida;
Tome atitudes com base nessa verdade;
O resultado libertará.

A palavra-chave é *atitude*. Sem novas atitudes - mudança de comportamento - você continuará a praticar os velhos hábitos que lhe causaram muita dor no relacionamento. Por exemplo, você já viu alguém que conta a mesma história dolorosa, repetidas vezes, sobre um relacionamento que acabou mal? Embora a história possa ser verdadeira, contar só confirma a dor que se sente. Contar uma história dolorosa insistentemente, em geral acompanhada por uma crítica severa ao antigo parceiro, não encoraja em nada a fazer algo diferente da próxima vez.

Quando você pensa em pessoas próximas que contam essas histórias, poderia evocar a imagem de um *hamster* em uma roda, rodando sem parar. Estamos certos de que você quer ajudar seus amigos a saírem dessa roda, mas, por mais que você tente, eles continuam andando em círculos. A dor e a história que contam tornam-se sua identidade.

A *verdade* e o *tempo* nada podem fazer se não houver uma *atitude*.

A chave para a mudança é ter atitudes baseadas na verdade, não importando o tempo.

A HISTÓRIA DE RELACIONAMENTOS AMOROSOS

Você não pode tornar-se emocionalmente resolvido em relação ao seu passado até que este esteja claro para você. Para ajudá-lo a ter uma ideia exata, vamos fazê-lo olhar para sua história de relacionamentos amorosos. Estamos certos de que você está familiarizado com a frase: "A história se repete". Isso é verdade principalmente nas relações amorosas onde você está mais propenso a repetir os erros do passado. Ao olhar abertamente para o que aconteceu desde suas mais remotas tentativas de relacionar-se, há uma forte probabilidade de que você veja alguns dos hábitos que desenvolveu.

Para a maioria das pessoas, a história dos relacionamentos amorosos começa no início da puberdade. É quando as mentes jovens mudam do balé ou futebol para assuntos dirigidos por hormônios. Muitos daqueles primeiros relacionamentos nem são reais, mas são deles que as fantasias são feitas. Quase todo jovem, garota ou garoto, desenvolve paixões. Com frequência, o objeto dessa afeição é uma figura pública imponente. Raramente conhecemos alguém que não se lembre de ter se apaixonado por uma estrela do rock ou do cinema, ou alguma pessoa famosa. E a maioria consegue lembrar que seu coração ficou pelo menos um pouco partido quando sua estrela da fantasia casou-se com outro alguém. Por que não esperou por mim? Embora pareça bobo, é assim que nossos corações jovens reagem. Antes de começarmos nossas próprias tentativas de dar asas ao amor com uma pessoa da nossa idade, em geral tivemos pelo menos um ou mais daqueles relacionamentos fantasiosos. Isso continua valendo por todas as gerações.

Como um aluno do sétimo ano, aos doze anos, Russell lembra--se de sua paixão esmagadora por uma "mulher mais velha", sua professora de inglês. Ela tinha provavelmente 25 anos. Russell lembra-se de achar que ela era a mulher mais linda do mundo. A fantasia marca o início da história pessoal de relacionamentos de Russell, que aparece a seguir. Depois, você verá a história dos relacionamentos de John.

A história dos relacionamentos amorosos de Russell

1955	Miss Barrows[2]
1956	Denise
1956	Karen
1957	Carol
1958	Linda
1959	Brenda
1960	Mary
1961	Stacy
1964	Susan
1968	Vivienne
1974	Jeanne
1987	Alice

2. Os relacionamentos fantasiosos devem ser finalizados também. É comum as pessoas baterem à nossa porta com uma longa lista de finais infelizes. Para muitos, escondido sob aquele acúmulo, está um companheiro da fantasia. O parceiro da fantasia é aquele que foi criado e aperfeiçoado durante um longo tempo. Porque não são reais, esses homens e mulheres da fantasia não têm defeitos. Não tem como uma pessoa real de carne e osso competir com um sonho. Algumas pessoas têm que finalizar seus relacionamentos com o homem ou a mulher da fantasia para que possam aceitar a pessoa real que entrou em sua vida.

A lista de Russell inclui alguns dos primeiros romances no Ensino Médio que tiveram significado emocional para ele, mas não seriam, de fato, qualificados como completamente desenvolvidos. Ele os colocou na história porque, ao observá-los, algo importante lhe foi revelado sobre como lidava com suas emoções quando cada um deles acabava. A seguir, estão pequenas narrativas de Russell sobre os relacionamentos que aparecem na lista.

1955 – Eu tinha doze anos de idade. Minha professora de inglês, senhorita Barrows, foi o primeiro "relacionamento" de que me lembro. Foi pura fantasia. Quando a senhorita Barrows se casou, fiquei arrasado. ***Não contei a ninguém como me sentia.***

1956 – Estava apaixonado por uma menina chamada Denise. Só consegui falar com ela poucas vezes. Visões de Denise dançavam na minha cabeça e era quase impossível me concentrar na escola. Eu queria convidá-la para sair, mas tinha medo. Quando eu a vi de mãos dadas com outro menino, fiquei arrasado. Quando expressei como me sentia mal, meus amigos me disseram: "Não se sinta mal; ela não era a pessoa certa para você". Esse comentário não me ajudou em nada.

1956-1960 – Durante os anos do Ensino Médio, namorei Karen, Carol, Linda, Brenda e Mary. Mesmo que cada um pudesse ser qualificado como minirrelacionamento, o que machucou mais foi o primeiro de todos, com a Karen. Eu tinha entre treze e quatorze enquanto estávamos namorando firme. Ela foi meu primeiro amor. Depois que acabou, eu fiquei inconsolável. Quando disse a minha família e amigos como me sentia, eles disseram coisas do tipo: "Não se sinta mal; você encontrará outra pessoa". Mas eu não queria uma "outra pessoa". Estava muito magoado. Essa deve ter sido a última vez que confiei às pessoas meus sentimentos dolorosos. ***Desde então, mantive minha dor internamente.***

No ano seguinte, quando comecei a sair com a Carol, lembro-me de ter sido muito cuidadoso. Eu era muito menos aberto em relação aos meus sentimentos. No final, ela disse: "Parece que você nem se importa". Eu me importava de verdade, mas não queria correr o risco de demonstrar. ***Não contei a ninguém como me sentia****. Só tentei ficar tranquilo e fingir que não me incomodava, mas incomodava.*

Os outros relacionamentos durante os anos do Ensino Médio começavam e acabavam do mesmo jeito. Quanto mais eu tentava me proteger do tipo de dor que havia sentido antes, mais retraía meus sentimentos. Por causa disso, todos os relacionamentos já estavam predestinados ao fim desde o início.

1961 – Conheci a Stacy no meu primeiro ano da faculdade. A gente se deu muito bem. Durante algum tempo, envolvido pela paixão e empolgação, esqueci de proteger meu coração como vinha fazendo há anos. Mas, depois das primeiras discussões, comecei a recuar, com medo de me machucar outra vez. Quando o relacionamento fracassou, fiquei arrasado e jurei que nunca mais me permitiria machucar novamente. Como já era de costume, ***guardei tudo para mim****.*

Os anos seguintes foram obscuros. Não namorei muito. Usei os esportes como um dos meus maiores CAECPs para extravasar a energia. Sentia vontade de ficar livre. Namorei um pouco, mas não tinha vontade de ter nenhuma ligação emocional.

1964 – No meu último ano da faculdade, um amigo em comum me apresentou a Susan. Convidei-a para sair. Foi como viajar num foguete que subia com emoções revigorantes e planos de casamento somente para descer ao solo poucos meses depois em um monte de sucata flamejante. Esse final foi a poucas semanas da formatura. À deriva, e continuando meu hábito, ***não falei com ninguém sobre o que estava sentindo****.*

Depois da graduação, muito do meu tempo era dedicado a aprender como me sustentar e desenvolver uma carreira. Entrei no ramo de restaurantes em Nova York e, depois, mudei-me para Londres. Namorei várias mulheres jovens lá, mas lembro-me de que protegia meu coração por causa do último rompimento devastador.

1968 – Era dono de um animado bistrô em Londres quando conheci Vivienne. Ela era jovem, tinha apenas dezenove anos, mas seu sotaque inglês fazia com que parecesse mais madura. Rapidamente, a paixão me deixou de ponta-cabeça. Nós nos conhecemos num domingo; casamos na terça (isto não é erro de impressão). Após aquele noivado de dois dias, casamos no Chelsea Town Hall na King's Road em Londres. Poucos meses depois, mudamos para Los Angeles, começamos nosso casamento, e então abrimos nosso próprio restaurante.

Num dia fatídico de 1972, tudo acabou em um piscar de olhos quando recebi um telefonema do tipo "alguém morreu". Vivienne disse-me que estava me deixando. Pensei que éramos felizes – pelo menos eu era. Estava atordoado. Não sei como dirigi o carro em segurança no período logo após o divórcio. E, se você ainda não adivinhou, ***não conversei abertamente sobre meus sentimentos com ninguém****.*

Após o divórcio, estava convencido não só de que eu era um fracasso, mas também que jamais seria capaz de confiar em alguém novamente. A despeito dessas ideias, a natureza continuou chamando. Comecei a namorar outra vez, mas com uma certeza renovada de que nunca assumiria um compromisso. Afinal de contas, todas as vezes que me comprometi, saí seriamente machucado.

1974 – Conheci e casei com Jeanne. Estivemos juntos por doze anos. Refletindo melhor, com certeza havia algumas dicas intuitivas que eu negligenciei logo no início. Mas nós perseveramos. Ao olhar para trás, acho que nós dois de fato nos esforçamos no relacionamento, e ambos fizemos milhares de concessões, mas simplesmente não pertencíamos um ao outro. Da minha parte, agora vejo que os aspectos inacabados de todos os meus relacionamentos anteriores trouxeram enormes cargas para esse casamento. Doze anos depois, após muitas brigas, nós nos divorciamos. Dividir uma vida após tanto tempo e esforço, e ter que repartir tudo, até mesmo os amigos, foi difícil e doloroso para mim.

Além da tristeza do fim, havia um elemento agravante. Na época do divórcio, eu tinha quarenta e quatro anos. Minha visão de vida e tempo me fez sentir não só um fracasso novamente, mas também como se eu nunca fosse ter um relacionamento duradouro como o dos meus pais. Tinha medo de que jamais encontraria alguém com quem sair para ver o pôr do sol.

Nesse rompimento, havia uma grande diferença. Tinha desenvolvido algumas amizades com pessoas com as quais falava de maneira mais aberta sobre emoções. Elas me ajudaram a me sentir suficientemente seguro para falar sobre o que sentia. Naquele mesmo ano cheguei no Grief Recovery Institute (Instituto de Recuperação do Luto) e aprendi como concluir meus relacionamentos passados.

1987 – Uma amiga em comum me apresentou a Alice. Estamos aqui, dezoito anos depois, ficando mais forte e melhor. Alice é a "única", e realmente quero dizer isso dessa vez. Estou contente por conseguir ter um pouco de bom humor sobre esse tópico "nem-sempre-tão-engraçado". Acredito que o que mais ajudou a sustentar esse relacionamento todo esse tempo foi o trabalho que fiz para finalizar os anteriores. Ao esvaziar a bagagem emocional que tinha arrastado comigo, abri espaço para um novo relacionamento.

Não quero fazer parecer uma perfeição instantânea. Na verdade, Alice e eu nos esforçamos, fazemos concessões e até mesmo toleramos as fraquezas um do outro. Mas a única coisa que posso dizer é que minha intuição estava ativa e precisa desde o início. Mesmo nas nossas discussões ocasionais, nunca senti nada além de que pertencemos um ao outro. Não posso prever o futuro, mas certamente espero que continue assim.

Um exame honesto mostra um padrão

Russell tinha escrito sua primeira história de relacionamento na mesma época em que ele e Alice começaram sua relação, dezoito anos atrás. Como resultado direto ao fazer aquele exame honesto, Russell pôde ver alguns padrões. Daquilo emergiu uma nova habilidade para enxergar sua contribuição nos relacionamentos passados. O que foi profundo, e o que temos certeza de que você notou, foi que quase todas as anotações de Russell terminavam com um comentário que indicava que ele nunca conversava com ninguém sobre as emoções que experimentava após cada rompimento. Ao fazer esse trabalho, ele aprendeu a conversar sobre o que o tinha afetado. Esse primeiro passo encorajou-o a realizar ações que o conduziram à finalização.

História dos relacionamentos amorosos de John

Suzie
Elizabeth
Paula
Marsha
Connie
Mary Jess

1949-1957 – Em algum grau somos afetados pelas observações que fizemos dos relacionamentos de outras pessoas quando éramos pequenos. O modelo que tinha visto dos meus pais, meu irmão mais velho e meus pares não me tornou bem equipado para participar dos relacionamentos.

1957 – Minha primeira "namorada" era uma colega de classe no oitavo ano. Festas em casa, danças e cinemas eram as atividades do namoro. Parte da brincadeira "salada de frutas" no sétimo ano, ela foi a primeira garota que beijei. Como você pode imaginar, estava certo de que era amor. Eu a via todos os dias na escola. Conversávamos por horas... Durante as férias de verão, não nos vimos tanto quanto durante o ano letivo e conversamos com menos frequência ao telefone. Finalmente, um dia, eu a vi andando na rua principal de mãos dadas com outro garoto. Ao olhar para trás, ainda sou capaz de sentir a porta de ferro do meu coração fechando com violência. Meu coração partido, juntamente com meu pensamento de "sobreviver-a-qualquer-custo", chegou à conclusão de que todas as garotas eram infiéis. Se não quisesse repetir esse tipo de dor, ***teria que construir uma parede de tijolos ao redor do meu coração.***

*1960 – Aos dezesseis anos, estava no Ensino Médio e os esportes dominavam minha vida. Se dependesse de mim, provavelmente, nunca teria tido um namoro naquele período. Que eu me lembre, meu irmão mais velho me atormentou para ligar para uma garota que tinha conhecido. Ela parecia gostar de mim, então o risco emocional me pareceu baixo. Como costumo ironizar nas palestras que ministro, aquele primeiro encontro pode ter sido a noite mais assustadora de toda minha vida. Enquanto escrevo este relato, tive até de ligar para meu irmão mais velho para que me ajudasse a lembrar aonde fomos e o que fizemos. Quando o encontro acabou, jurei não repetir a experiência de novo. Mas, graças a Deus, começamos a nos encontrar regularmente. Olhando para trás, devo dizer que com certeza não fui o melhor namorado que ela poderia ter tido na época. A vida na minha casa era uma bagunça total. Crescer com um pai alcoólatra nunca é bom ou seguro. Além do mais, as crianças criadas nesse tipo de ambiente tendem a tornar-se cautelosas em mostrar seus sentimentos. De fato, lembro-me de pensar muitas vezes: "***Não deixe que as pessoas saibam como se sente porque, se souberem, podem magoá-lo***".*

Aquela jovem provavelmente salvou minha vida, embora não soubesse na época. Ela tornou-se, na verdade, meu CAECP. Por causa de sua paciência e bondade, ela tornou-se a única pessoa a quem contava meus sentimentos durante vários anos. Sentia que não tinha nenhum outro lugar seguro. Como em geral acontece, não sabia o quanto ela era importante para mim até que terminamos.

Depois do Ensino Médio, embora tivesse recebido várias ofertas de bolsa de estudo, entrei para o Corpo de Fuzileiros Navais. Ela foi para a faculdade e se apaixonou por outra pessoa. A carta "Querido John" partiu meu coração. Guardei a dor emocional dentro de mim, como tinha feito muitas vezes antes. Esse acúmulo da minha dor mal-resolvida ficou escondido lá no fundo durante anos. Isso afetou a maioria dos meus relacionamentos e amizades durante os anos seguintes.

1966 – Retornei do sudeste da Ásia para os Estados Unidos perto do final de 1965. Naquela altura, desconfiava totalmente da intuição e a parede de tijolos em volta do meu coração estava espessa e alta. Conheci minha primeira esposa enquanto frequentava a faculdade, no meu primeiro dia no campus. *Embora eu a achasse bonita, ela estava namorando outro rapaz, e então eu não ligava e nem a perseguia. Eu a via no Centro Acadêmico de tempos em tempos e ocasionalmente, tomávamos café e conversávamos. Mais tarde, fiquei sabendo que ela tinha terminado com o namorado, então, convidei-a para sair. Ela era muito boa aluna e, de vez em quando, me ajudava com os trabalhos. Ela também sabia jogar sinuca tão bem quanto a maioria dos homens no* campus. *Ela ria muito. O mais interessante, porém, era que ela nunca dava sua opinião sobre a guerra. Era esperta o suficiente para saber que, embora todo mundo tenha direito a uma opinião, se você não passou pela experiência, o que você pensa não tem valor nenhum.*

Durante o tempo que namoramos, ela tornou-se confiável para mim. As verdades que eu dizia e os sentimentos que mostrava eram só para ela. Depois de graduar-se, ela conseguiu um emprego na Califórnia. Ela não conversou comigo sobre a oferta de trabalho antes de aceitá-la. Quando descobri sobre o emprego, eu a pedi em casamento para não perdê-la. Passei por cima da minha intuição, porque estava com medo. Hoje eu sei que ela não me contou sobre a oferta de trabalho para me forçar a pedi-la em casamento. Ficamos casados por seis anos.

1974 – Conheci uma jovem e começamos a sair. Nós moramos juntos. Engravidamos. Casamos. Um dos grandes presentes de minha vida é nossa filha, que nasceu em 1975. Ao olhar para trás, não tive nenhuma intuição que esse não era o relacionamento para mim. Então o que aconteceu? Não posso falar por ela, mas para mim a verdade era que estava arrastando tanta bagagem do meu passado que isso sobrecarregou nosso casamento. Tivemos outro filho que nasceu em 1977, mas morreu logo depois do nascimento. Sua morte foi o que me levou para o The Grief Recovery Institute (Instituto de Recuperação do Luto). Minha ex-mulher e eu ainda somos bons amigos. Na verdade, ela e minha atual esposa há 25 anos também são grandes amigas.

1979 – Em seguida vieram uma série de tentativas em vão de encontrar felicidade duradoura em um relacionamento. Namorei muitas mulheres por poucos períodos de tempo. Acho que durante essa época estava começando a perceber vagamente que não estava preparado para ter um relacionamento sólido de longo prazo. Mas é claro que não tinha a menor ideia do que fazer a respeito.

Tive um relacionamento bastante longo com uma mulher muito legal durante esse período. E, mesmo não dando certo, acho que ambos crescemos muito como resultado de nosso envolvimento. Foi depois do fim desse romance que me encontrei sentado à mesa da cozinha mais uma vez tentando entender o que deu errado. (Você vai ler bastante sobre essa experiência na parte final deste livro.)

1980 – Deixe-me encerrar esta seção dizendo que foi por meio dessa investigação e fazendo o trabalho necessário para limpar meu coração que pude encontrar e manter o casamento de amor que tenho agora. Minha esposa e eu estamos juntos há mais de um quarto de século. Garanto a vocês que finalmente acertei.

NUNCA COMPARE AS PERDAS

Estamos prontos para dar-lhe instruções para escrever sua história de relacionamentos amorosos, mas, primeiro, queremos esclarecer algo muito importante. Você deve evitar o perigo de comparar o fim de um relacionamento com os outros. Comparar as perdas diminui os sentimentos. Também sugere que você deveria ter procurado alguém que tivesse a mesma perda ou mais que você para que não se sinta mal. Mas isso não funciona, porque toda perda é experimentada 100%, e a perda de alguém não tem nada a ver com a sua. Quando seu relacionamento amoroso acaba, seu coração não está partido pela metade – está totalmente partido. Diferentes finais de relacionamentos podem ter afetado você com diferentes graus de intensidade emocional, mas sua resposta foi sempre 100% do que sentia na época. Claro que temos consciência de que, no momento em que há um final formal de um relacionamento, podemos não sentir muita coisa. As emoções podem ter acontecido ao longo do caminho e, ao final, você estava ansioso para livrar-se de tudo.

Muitas pessoas cometem o erro clássico de comparar o que sentem com o que seu antigo parceiro aparenta externamente. Ficam também irritadas quando descobrem que o ex está namorando e comparam ao fato de não estarem namorando ainda. Cada uma dessas comparações é autodestrutiva.

Quando começar a escrever sua história afetiva, foque em como você foi afetado quando seus relacionamentos acabaram. Evite comparações com a história de qualquer outra pessoa para que você não diminua seus sentimentos. E vamos acrescentar mais uma área na qual se devem evitar comparações. Nós, Russell e John, somos homens, mas, por favor, acredite em nós quando dizemos que vimos milhares de histórias de relacionamentos amorosos e o sexo não é a questão. Na verdade, se removêssemos os nomes de nossas histórias, você não seria capaz de dizer o sexo de quem as escreveu. As questões padrão que nos afetaram são as mesmas que afetam a maioria das pessoas. Após termos ferido nosso coração nos primeiros relacionamentos, ficamos nos protegendo para evitar machucarmos novamente. Quase toda mulher que conhecemos e ajudamos fez a mesma coisa. O resultado desse tipo de proteção é abertura reduzida e confiança reduzida que sabotam futuros relacionamentos.

Sua história de relacionamentos amorosos

Agora é a sua vez de ser o mais honesto possível para escrever sobre os relacionamentos amorosos que lembrar. Se lhe parecem importantes, coloque-os na lista. Não há necessidade de colocar todas as pessoas que namorou. Se evoluíram para um relacionamento significativo, não é necessário nem útil. Não queremos estabelecer uma regra baseada em quanto tempo você namorou alguém, mas pode ser útil pensar em termos de relacionamentos que eram sérios ou aqueles nos quais vocês moravam juntos. Você também pode considerar listar os relacionamentos que você esperava que fossem formalizados.

Instruções: você vai precisar do seu caderno. Permita-se uma hora ou mais sozinho para fazer esse exercício. Você pode ou não ter uma reação emocional ao que lembrar e escrever. Seria uma boa ideia ter uma caixa de lenços descartáveis a mão, no caso de precisar. Está tudo bem se você não tiver uma reação emocional; apenas certifique-se de que está sendo o mais honesto possível sobre sua parte em cada relacionamento.

Em geral, é mais fácil fazer a lista de relacionamentos amorosos primeiro e depois escrever as narrativas curtas sobre cada um deles. Você pode ou não lembrar do ano exato que alguns de seus relacionamentos começaram ou terminaram. Russell e John fazem isso há um bom tempo, então suas histórias são muito concisas. Você pode divagar um pouco enquanto escreve suas memórias. Não tem problema.

Não há limite de quantos relacionamentos podem aparecer na sua história. Mas tenha cuidado para não transformá-la na lista de todas as pessoas com quem já namorou. Russell listou onze e John listou seis. Alguns de vocês podem ter somente um ou dois relacionamentos na sua lista. Está tudo bem se for assim. Para você, a história pode incluir alguns dos lapsos nos quais *não* ter um relacionamento o afetou. Não há problema de listar aqueles lapsos e escrever um parágrafo sobre como esse tempo foi para você.

Mantenha o foco em você e no seu papel nos relacionamentos. Olhe novamente para as histórias de Russell e John e veja como eles evitaram analisar ou julgar suas parceiras na tentativa de serem verdadeiros sobre si mesmos. Lembramos que esse é um exercício individual. Você não é obrigado a compartilhá-lo com outra pessoa. Isso lhe dará a liberdade de ser o mais fiel possível. Você vai usar o que acabou de fazer muito em breve, então, mantenha ao alcance das mãos.

Escreva sua história dos relacionamentos amorosos.

Após terminar de escrever, reserve alguns minutos e releia suas anotações, sem fazer análise. Deixe tudo descansar. Ao reler, você pode ficar emocionado ou não. De um jeito ou de outro está tudo bem. Então, parabenize-se por ter feito o trabalho e coloque seu caderno em um local seguro.

Atenção: ficamos dizendo a você para colocar seu caderno em um local seguro. Isso é sempre importante, mas agora vai para um novo nível. O que você está escrevendo não deve cair nas mãos de qualquer pessoa. *Não deixe seu caderno onde ele possa ser encontrado!* Alguns de vocês podem estar fazendo esse trabalho enquanto estão envolvidos em um relacionamento amoroso. Fiquem atentos. Certifiquem-se de não deixá-lo acidentalmente onde alguém possa encontrá-lo.

Capítulo 7

DESCOBERTA LEVA À FINALIZAÇÃO

Descoberta e finalização não são a mesma coisa, mas você precisa de uma para realizar a outra. O trabalho feito no capítulo anterior é uma ação de descoberta. Ajuda-o a lembrar de seus relacionamentos passados de um modo diferente do que jamais fez. Pode, também, expor alguns dos seus padrões e ajudá-lo a enxergar seu papel naqueles relacionamentos, mostrando o que está emocionalmente inacabado para você em cada um deles. Seria maravilhoso se apenas ao listar os relacionamentos que teve, escrevendo uma narrativa curta sobre cada um, você pudesse se recuperar do ponto de vista emocional. Infelizmente, não é tão simples. Há mais a ser feito para que você não repita o erro de arrastar o que está mal--resolvido no passado para seu presente.

Ao continuar, você poderá se deparar com algumas perguntas, como por exemplo, se terá que finalizar os relacionamentos mais importantes que apareceram em sua história afetiva. A resposta é sim. Mas após ter feito uma parte desse exercício, você verá que é rápido e que poderá se beneficiar grandemente.

A DESCOBERTA INTELECTUAL NÃO CONCLUI SEU PASSADO

Estamos certos de que você tentou de várias maneiras lidar com os relacionamentos acabados. Durante o percurso, você pode ter adquirido uma grande compreensão intelectual e analítica sobre si mesmo. Você pode até ser capaz de explicar por que seus relacionamentos fracassaram; mas conhecimento intelectual tem valor limitado. Conhecemos pessoas que podem recitar uma tese de doutorado sobre o que aconteceu e quem fez o que para quem, mas ainda assim não estão emocionalmente resolvidas.

Já mencionamos antes que, no fim de um relacionamento, ficamos com *esperanças*, *sonhos* e *expectativas* não realizadas. Mas isso é só metade da equação que você precisa para descobrir o que está emocionalmente incompleto para você. Quando um relacionamento acaba, sempre há algo que desejamos que tivesse sido *diferente* ou *melhor* ou *mais*. Somadas, essas seis palavras destacadas são a chave para desvendar o quebra-cabeças que o levará à finalização. Usando essas ideias, nós o ajudaremos a descobrir e elaborar as emoções que são os componentes primários de sua bagagem emocional. É o acúmulo de emoções inacabadas que o torna incompleto e faz com que você se retraia em sucessivos relacionamentos.

Vamos usar uma história real envolvendo uma morte para ilustrar como sentimentos não expressados deixam alguém emocionalmente incompleto. É algo poderoso. Mostraremos a você como isso está relacionado diretamente com o que fica inacabado quando um relacionamento amoroso termina.

Bill e Jane foram casados por dez anos. Eles se amavam muito. Numa tarde de domingo, eles foram ao cinema. Depois, foram a um restaurante para jantar. Conversaram sobre o filme e suas impressões sobre ele. O filme apresentou algumas ideias políticas muito fortes que provocaram emoções em ambos. Enquanto conversavam, suas observações transformaram-se em uma discussão acalorada. Quando o jantar chegou, eles mal se falavam. Terminaram a refeição praticamente em silêncio e foram para casa. Sabemos que essa não é uma imagem boa, mas também sabemos que a maioria das pessoas consegue identificar-se com esse tipo de incidente.

Em casa, o silêncio persistia. Nenhum dos cônjuges queria desculpar-se pela sua parte na discussão. Foram para a cama sem o beijo de boa noite e sem uma troca de "Eu te amo". Estavam na mesma cama, separados por centímetros, mas era o mesmo que estivessem em planetas diferentes.

Ao amanhecer, Bill levantou-se, tomou banho, vestiu-se e saiu antes que Jane acordasse. No caminho para o trabalho, envolveu-se em um acidente de carro fatal. Jane acordou com o telefonema da polícia com a trágica notícia.

A última noite

Jane ficou desolada. Ela amava Bill, e sua morte súbita virou seu mundo de cabeça para baixo. Sua dor era composta por aquela última noite. No funeral, tudo o que conseguia pensar era na briga e a imagem dos dois deitados de costas um para o outro, teimosos, recusando-se a ceder. Esse é um daqueles momentos quando as palavras diferente e melhor aparecem. Você sabe que Jane daria qualquer coisa no mundo para ter uma chance de reviver aquela noite com Bill.

Eles tiveram brigas no passado e conseguiram conversar e resolver quaisquer problemas. Mas não dessa vez. A última conversa – ou a falta de – deixou Jane emocionalmente incompleta. O acidente roubou-lhe a chance de reparar aquela brecha. Além disso, a morte de Bill acabou com as *esperanças*, *sonhos* e *expectativas* que eles tinham para seu futuro juntos. A morte de Bill criou um buraco emocional em tudo o que jamais aconteceria. Entre vários planos, eles pretendiam ter filhos, e esse sonho também morreu com Bill.

Repetição com um cenário diferente

Vamos repetir essa situação de uma forma um pouco diferente. Usando o mesmo contexto, Jane e Bill acabam virados cada um para o seu lado na cama. Jane exalta-se, criando caso com Bill, mas depois de um tempo, ela se acalma. Ela se vira, toca Bill no ombro e sussurra: "Desculpe, querido, acho que fui um pouco autoritária". Um momento depois, ele se vira e diz: "Não, Jane, fui eu, sou tão teimoso, me desculpe". Então, no mesmo instante, os dois dizem: "Eu te amo", se abraçam e dizem boa noite. Eles resolveram a briga. Podem dormir e começar de novo..

Na manhã seguinte, Bill morre num acidente de carro. Jane está tão desolada quanto no cenário anterior. Ela vai olhar para seus dez anos juntos e encontrar momentos em que gostaria que tivessem sido *diferentes*, *melhores* ou que tivessem acontecido *mais*, e encontrará *esperanças*, *sonhos* e *expectativas* não realizadas. Mas não estará emocionalmente incompleta com a última conversa. Não terá que repeti-la várias vezes na sua mente para o resto de sua vida.

Um rompimento é a morte de um relacionamento

Usamos uma história envolvendo uma morte para repetir o assunto das comunicações incompletas. No primeiro exemplo, Jane não tinha como encerrar aquele incidente diretamente com o Bill. Também sabemos que você poderá dizer que, já que houve uma morte, é diferente de um rompimento amoroso. Mas a morte não é a questão relevante. O paralelo é que quando um relacionamento acaba – que pode ser chamado de a "morte" de um relacionamento – em muitos casos é quase impossível conversar com o antigo parceiro. No momento em que se separam, há tanto antagonismo e mágoa que uma das partes pode não querer conversar. Um dos dois pode não ter feito uma sincera avaliação para ser capaz de enxergar quais foram os problemas que levaram ao rompimento. Há várias razões pelas quais a finalização precisa ser uma ação individual onde cada um realiza sozinho. Vamos apontá-las e explicá-las mais adiante.

O fim raramente é agradável

O período que antecede o fim de um relacionamento é, em geral, cheio de discussões. Com muita frequência, a última conversa que um casal tem é muito dura. As pessoas dizem coisas que magoam, e a separação – assim como um acidente automobilístico fatal – acaba com a possibilidade de reparação. Isso é o que chamamos de *questão emocional* inacabada. O exemplo de Jane e Bill identificou apenas o item emocional mais óbvio inacabado entre eles, mas, durante dez anos de casamento, havia muito mais.

Há sempre um acúmulo de emoções inacabadas quando um relacionamento chega ao fim. Você deve identificá-las e completá-las antes de seguir em frente. Até que isso seja feito, você permanece emocionalmente incompleto. As questões emocionais não expressadas são a bagagem emocional arrastada por você. As pessoas que assistiram a nossos *workshops* ao longo dos anos estavam lá por causa de questões emocionais inacabadas com o final de seus relacionamentos. A boa notícia é que conseguimos ajudá-las a tornarem-se completas no sentido emocional. E isso é exatamente que vamos mostrar a você como fazer.

Quem é o primeiro

Você vai trabalhar em todos os seus relacionamentos anteriores. Por hora, a grande pergunta é: "Em qual devo trabalhar primeiro?". Ninguém pode responder a essa pergunta para você, mas deixe-nos dar uma dica. O que você trouxe para o seu relacionamento mais recente era o acúmulo do que foi incompleto nos anteriores. Quando Russell chegou no The Grief Recovery Institute (Instituto de Recuperação do Luto), logo após seu segundo divórcio, ele pensou que era esse o relacionamento que precisava trabalhar. Mas, com um pouco de orientação de John, ele escolheu trabalhar no relacionamento com sua primeira esposa, Vivienne. Ele é grato ao John por apontar a direção, porque percebeu quanto do que estava incompleto do seu primeiro casamento tinha sido arrastado para o segundo. Como resultado de sua conscientização, quando mais tarde trabalhou no segundo casamento, conseguiu enxergar sua parte com muita clareza. Você poderá perceber que precisa voltar para um relacionamento anterior e trabalhar nele primeiro. Se for o caso, por favor, compreenda que isso é normal e acontece com cerca de 60% das pessoas que fazem este trabalho.

Se você não tem certeza sobre qual relacionamento começar a trabalhar, pense nessas duas palavras: *tempo* e *intensidade*. O relacionamento que combinou mais desses dois elementos pode ser aquele com o qual começar. Mas tome cuidado: um relacionamento de longa duração com intensidade emocional limitada pode não ser a escolha certa para ser o primeiro. Você também deve ficar atento ao fato de que seus sentimentos em relação ao último rompimento podem ainda estar muito fortes e o levarão para essa direção. Se você não tem certeza, volte e leia suas descrições. A que estiver maior pode indicar que é a que você precisa trabalhar primeiro.

Não fique preocupado com essa escolha, pois você poderá paralisar-se e não fará nada. Como dissemos anteriormente, para conseguir o melhor benefício das ações que aprende neste livro, você precisará voltar e completar *todos* os seus relacionamentos passados mais importantes. Pense dessa maneira: se você tem sete espinhos encravados no seu pé, e você tira um deles, quanto da dor seria reduzida? Você seria capaz de caminhar se os outros seis espinhos ainda estivessem lá? As respostas para essas questões são óbvias, especialmente a segunda. Você tem que tirar *todos* os espinhos.

Antes de passar para as ações do próximo capítulo, escolha o relacionamento que você vai trabalhar primeiro.

Capítulo 8

Revendo o relacionamento amoroso

Para concluir um relacionamento, você deve revê-lo e descobrir o que o rompimento deixou emocionalmente inacabado em você. Para isso podemos fazer três exercícios separados que o ajudarão a lembrar dos eventos que mais o afetaram emocionalmente no relacionamento. Esses são os próximos passos cruciais na sua jornada e vamos chamar de *revisão do relacionamento amoroso.* Selecione um relacionamento para trabalhar.

No primeiro exercício de revisão, você colocará suas lembranças do relacionamento em forma de gráfico. No segundo exercício, você converterá as anotações do gráfico em explicações curtas sobre o que aconteceu e as emoções que teve (ou têm) em relação a elas. No terceiro exercício, você vai determinar quais das três categorias de finalização você usará para expressar o que descobriu inacabado para você.

Você só pode concluir o relacionamento com o que tem no consciente de suas próprias lembranças. Não use métodos ou ideias que não são provenientes das coisas que você tem certeza. Além disso, elabore o relacionamento somente com o que for verdade para você. Tome cuidado tentando evitar fazer essa revisão buscando compreender o ponto de vista da outra pessoa. Isso não seria a *sua* verdade. Quanto mais honesto você puder ser sobre si mesmo, mais sucesso você terá. Use esse formato exatamente como sugerido. Sempre dá certo. Problemas ocorrem quando as pessoas tentam mudar o formato.

> Aviso – isto não é para casais trabalharem juntos. Não é apropriado compartilhar o que você está fazendo neste livro com um parceiro atual ou anterior.

O GRÁFICO – CRIANDO UMA REFLEXÃO PRECISA

O propósito primordial da parte gráfica da revisão é ajudá-lo a criar uma reflexão precisa do relacionamento conforme você se recorda dele. É preciso olhar detalhadamente para o relacionamento, lembrando de eventos específicos, sejam positivos ou negativos. Coloque os eventos positivos acima da linha central e os negativos abaixo. Ninguém mais terá que ver esse gráfico, então você está livre para ser bastante honesto.

Embora você possa não ter percebido, essa *não* é a primeira vez que faz uma revisão do relacionamento. Você tem feito durante todo o tempo. Conforme os relacionamentos caminham, constantemente há uma revisão do que está acontecendo e tudo o que passou. Quando você está feliz e o relacionamento parece ser sólido, essas revisões são, na maioria das vezes, positivas. Quando as coisas vão bem, você pode falar sobre a maioria dos problemas com seu parceiro e em geral encontrar meios de resolvê-los. Porém, alguns dos problemas ficam fora de foco e retornam à vista somente quando o relacionamento começa a desmoronar. Quando as coisas pioram, as revisões se tornam mais dolorosas. O balanço dos eventos parece mais negativo do que positivo. As desavenças e brigas tornam-se mais frequentes e duram mais tempo. Nesse ponto, o sentimento de tristeza, geralmente, começa a dominar. E, pior, qualquer habilidade que possa haver para conversar sobre os problemas e resolvê-los parece diminuir.

Você pode não estar ciente de que revisões como essas estavam sempre acontecendo, fossem nos bons tempos ou nas horas ruins, exceto no período imediatamente após uma briga. Aqueles foram os momentos em que você pensou o quanto seu parceiro estava errado, já que você estava "sempre certo". Foi nessas revisões que você descobriu coisas que não conseguia expressar ao outro ou que você sentia que ele nunca ouviu ou compreendeu. O problema era que você não sabia como elaborar suas descobertas. Você só sabia como guardá-las e carregá-las adiante.

Lista de ressentimentos

Você se lembra de momentos em que sentiu como se seu parceiro tivesse desenterrado o que parecia ser uma lista de ressentimentos, jogando-os na sua cara. Temos certeza de que você não gostou se isso já aconteceu com você. Por outro lado, é provável que você tenha feito o mesmo. E, como é verdade para muitos casais, vocês podem ter ficado lá parados lançando itens da lista para todo lado. De sua parte, após cada discussão, você provavelmente acrescentou mais itens de ressentimento à sua lista para usar mais tarde.

A ideia da lista junto com as lembranças que essa revisão trará à tona, o ajudarão a perceber que você nunca soube como elaborar as emoções não expressadas ou ouvidas. Você poderá reconhecer que essas listas tornaram-se parte da bagagem emocional que você tem arrastado consigo. Você poderá redescobrir coisas que ficou revisando e que ficaram enterradas enquanto o relacionamento despencava. Você as conhece. Você as vivenciou. Ainda que as tenha deixado de lado porque eram dolorosas demais, elas retornarão enquanto fizer este exercício. Você poderá também descobrir algumas coisas em que nunca pensou antes. Por favor, não se incomode com isso. Não será bom se você evitá-las e deixá-las enterradas.

Ao começar este exercício, escreva tudo o que vier à sua mente. Depois de um tempo, você poderá descobrir algumas discussões ou situações semelhantes aconteceram repetidas vezes. Elas provavelmente pareciam iguais ainda que as brigas fossem sobre tópicos diferentes. Você não precisa listar todas as batalhas que já teve. Na verdade, depois de listar três ou quatro que são praticamente iguais em termos de sentimentos, você não tem que fazer o gráfico de todas as outras. Isso também se aplica aos eventos positivos que você pode não ter expressado ao seu parceiro. Depois de listar algumas que parecem essencialmente iguais, você não precisa continuar acrescentando mais.

A revisão do relacionamento de Russell

Antes de jogar você no fundo do poço, demonstraremos o gráfico da revisão de Russell. Depois disso, daremos instruções para que você possa começar. O que aparece na figura ao lado é a revisão que Russell fez do relacionamento com sua primeira esposa, Vivienne. Como você vai ver, ele colocou os eventos positivos acima da linha central e os negativos abaixo.

Gráfico do relacionamento de Russell com Vivienne

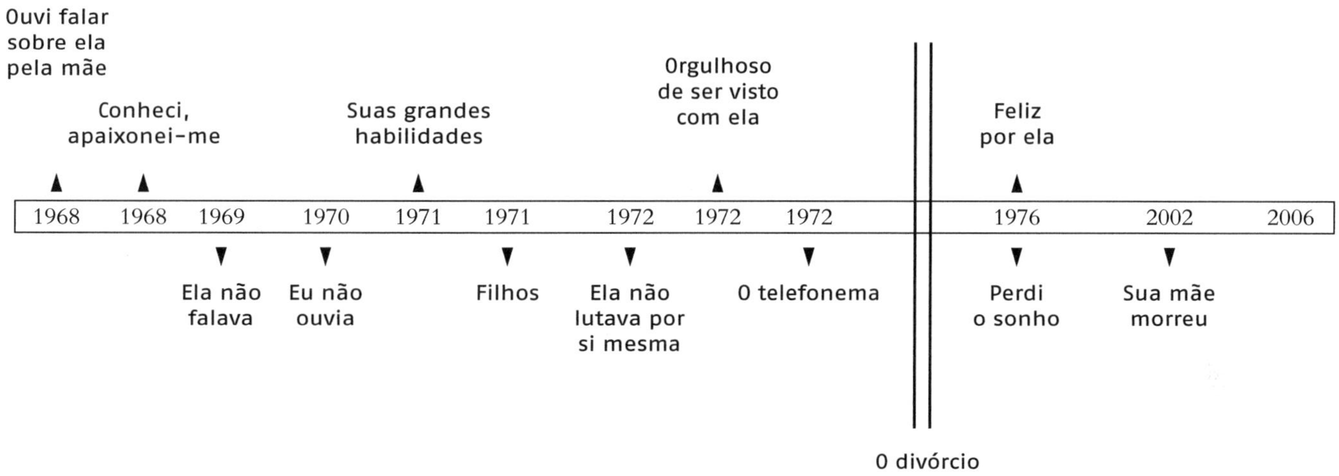

ÚLTIMA SAÍDA ANTES DO PEDÁGIO EMOCIONAL

Após ler o gráfico de Russell, você tem uma noção do que fará em seguida. Mas, antes que você se apresse, temos algumas diretrizes que ajudarão a montar seu gráfico de um modo que lhe trará maior benefício. No final do capítulo anterior, dissemos que era hora de escolher o relacionamento que você iria trabalhar. Se você ainda não fez essa escolha, faça-a agora, para que possa começar o trabalho.

Tudo o que falamos a respeito e lhe pedimos para fazer até agora foi uma preparação para um conjunto maior de ações. Ao preparar-se para montar seu gráfico, você poderá perceber que está prestes a chegar no centro do problema – seu coração. Para alguns de vocês, será difícil revisar um relacionamento. Isso os forçará a aceitar a realidade dolorosa de que o relacionamento acabou. Ainda assim, é preciso realizar esse novo conjunto de ações ou você ficará preso em antigas esperanças e sonhos e não será capaz de criar novos. Esse é um ponto em que você poderá ficar com medo e se recusar a ir em frente. Mas, admita o que está sentindo e realize o trabalho.

Foco em você

Para começar, foque nas suas próprias ações e reações em vez das de seu parceiro. Seja o mais honesto possível acerca do que fez ou não fez no relacionamento. Isso o ajudará a descobrir algumas verdades sobre si mesmo que você não conseguia enxergar antes. Assumir a sua parte no que aconteceu é a chave para esse processo. Tome cuidado para não transformar isso em uma indiciação de seu parceiro, então, lembre-se de inserir no gráfico tanto as coisas positivas quanto as negativas no relacionamento.

Focar na sua parte não é fácil, pois é sempre mais fácil pensar no que a outra pessoa fez ou deixou de fazer; olhar para si próprio exige um pouco mais do que disciplina. Ao olhar para algumas das áreas que eram difíceis no relacionamento, pode parecer um pouco com tirar a casca de uma ferida. Mas, se você não fizer isso, cavar fundo e completar o que estava inacabado do passado, é certo que vai repetir seus erros. Ou, ainda pior, você terá tanto medo de machucar-se novamente que desistirá de tentar assumir um outro relacionamento.

Perigo – Imagens épicas da memória

No período logo após um relacionamento fracassado, é comum desenvolver imagens épicas na memória. Nessas imagens, as pessoas tendem a demonizar ou reverenciar a outra pessoa. Nenhuma das duas ajuda a completar as emoções inacabadas que estão conectadas ao relacionamento. Essas imagens exageradas, unilaterais, que ficam na memória, dão origem à um coração ferido que não conhece uma maneira melhor para comunicar a verdade.

É lógico que, após um rompimento, o foco está mais nos aspectos negativos do relacionamento do que nos positivos. Os positivos, às vezes, não são fáceis de recordar. Tente lembrar-se de que, quando você se apaixonou, viu muitas qualidades maravilhosas na outra pessoa. Insira-as no gráfico independente de como se sente agora. Revise o relacionamento enquanto assume a responsabilidade pela sua parte, incluindo o que você disse ou fez, e sua reação às coisas que seu parceiro disse ou fez. Esse momento é a chance de lembrar como se sentiu acerca de todos os eventos, sejam positivos ou negativos.

Comece do começo

Seu gráfico deve iniciar seu trabalho com sua primeira impressão da pessoa com quem se envolveu. Isso não foi necessariamente no dia em que o romance começou, pois pode não ter acontecido pessoalmente. Pode ter sido por telefone, carta ou e-mail, ou como no relacionamento de Russell com Vivienne, quando a mãe da Vivi contou-lhe sobre sua filha, que na época estava em Paris. Sua ligação emocional também não acaba quando o relacionamento físico termina ou mesmo depois de ter realizado ações para elaborar essa perda. No gráfico de Russell, ele notou que ficou abalado quando descobriu que Vivi teve filhos e quando soube que a mãe dela havia morrido.

Dois acima e dois abaixo da linha

Para manter a verdade e precisão, recomendamos fortemente que você tenha pelo menos dois eventos positivos (acima da linha) e dois negativos (abaixo da linha). Você pode ter muitos acima ou abaixo da linha, mas o mínimo de dois em cada área o ajudará a evitar a demonização ou a reverência. Se os positivos estiverem difíceis, tente pensar em qualquer coisa que você gostava na pessoa. Você pode colocar a sua aparência, relação sexual, ou o que você achar relevante.

Para evitar o perigo de uma figura imprecisa, você deve ser honesto. Enquanto um parceiro pode ter sido abusivo em alguns níveis, pode também ter pago o aluguel ou a comida e roupa. Não dizemos isso a fim de minimizar ou justificar o mau comportamento, mas para permitir-lhe chegar a um retrato verdadeiro da relação. Todos os relacionamentos são feitos de certo e errado, doce e amargo, bom ou mau. Também não perca de vista que você pode ter ficado por muito tempo, mesmo depois de perceber que tudo estava realmente acabado.

Coisas tristes ou negativas podem ser tão pequenas quanto deixar a pasta de dente destampada ou tão grandes quanto infidelidade e tudo que estiver entre um e outro. Assim como nas lembranças positivas, nenhuma é insignificante demais para este exercício. É importante evitar comparar eventos ou sentimentos e decidir que alguns não são importantes o suficiente para estar no gráfico. Na verdade, é geralmente o acúmulo de pequenos eventos desconfortáveis que contribuem para o fracasso do relacionamento. Diferentes tipos de eventos produzem diferentes níveis de reações emocionais. Use o comprimento de sua linha, acima e abaixo da horizontal, para indicar a intensidade de seus sentimentos no momento em que o evento ocorreu. Você tem que ser o juiz. Não importa se há mais eventos acima ou abaixo da linha; o que importa é que o que está em foco é a verdade. Ninguém mais pode avaliar as lembranças de seus relacionamentos.

Abra seu caderno e comece

Abra seu caderno em uma página em branco e vire-o. Desenhe uma linha da esquerda para a direita no meio da página. A ponta esquerda da linha representa o início do relacionamento. A data de início é sua primeira impressão da outra pessoa. Você não precisa ter detalhes exatos sobre datas de início ou do término. A ponta direita da linha representa o ano atual – insira-o agora. Em seguida, acrescente uma linha vertical e escreva o ano em que o relacionamento acabou definitivamente. Faça uma linha em destaque para separar o fim do relacionamento, dos eventos posteriores. Se o relacionamento é recém-terminado, a última linha e a linha em destaque podem coincidir.

Tenha em mente que os relacionamentos não acabam completamente com o divórcio ou com a separação. A revisão de Russell por exemplo, registrou eventos que aconteceram anos após o divórcio. Você pode ter sentido algo quando descobriu que seu antigo parceiro estava namorando ou se relacionando com alguém. Esse tipo de notícia sempre desperta alguma emoção e deve ser acrescentada ao seu gráfico após a linha que indica o fim do relacionamento.

Agora, volte ao início e reconstrua o relacionamento. Deixe sua memória vagar. Anote o que vier à sua mente. Identifique o que é positivo (acima da linha) ou negativo (abaixo da linha). Você deve variar o comprimento das linhas para indicar a intensidade com que sentiu – quanto maior a intensidade, maior a linha.

Sua mente pode ou não usar a ordem cronológica. Isso não é problema. Concentre-se somente em identificar os eventos positivos e os negativos. Faça pequenas anotações em cada um dos eventos para que você consiga lembrar o que significam. Você poderá descobrir que há muitos eventos semelhantes que aconteceram repetidamente, em especial no lado negativo. Escreva pelo menos dois de cada. Você não precisa de mais do que alguns do mesmo tipo de eventos para saber que foi afetado. Ao fazer isso, você pode não pensar que cada item que escreveu representa algo incompleto. Não tem problema, mas, se surgir na sua mente, escreva-o mesmo assim. Não edite agora, vamos fazê-lo depois. Apenas lembre e anote. Honestidade e rigor são essenciais.

Esse exercício pode ou não causar-lhe emoções. Em todo caso, tenha uma caixa de lenços descartáveis à mão. Não se preocupe se não sentir nada ao fazê-lo. O que importa é ser o mais honesto possível. Se você não conseguir, olhe novamente o exemplo de Russell. Isso pode desencadear algumas lembranças. Nossa sugestão é que você encontre um local privado e destine por volta de uma hora e então comece.

Quando terminar o gráfico, você terá uma escolha a fazer. Você pode deixar o caderno de lado ou pode continuar imediatamente com a segunda parte da revisão do relacionamento.

Capítulo 9

CONVERTENDO O GRÁFICO

Agora é hora de transformar seu gráfico de relacionamento em uma série de parágrafos curtos, que o ajudarão a identificar quais aspectos permanecem emocionalmente incompletos. Depois que Russell terminou de elaborar seu gráfico, ele escreveu uma curta descrição de cada evento. Para exemplificar, reescreveremos aqui a história do ponto de vista de Russell. Em cada evento datado, você perceberá que uma sentença ou frase está destacada. Elas não farão sentido para você ainda, mas as explicaremos um pouco mais tarde.

REVISÃO DO RELACIONAMENTO DE RUSSELL EM FORMA DE HISTÓRIA

1968 – Nós nos conhecemos num domingo. Casamos na terça. Pode parecer estranho, mas já sabia bastante sobre a Vivienne antes de conhecê-la de fato. Sua mãe e eu trabalhávamos juntos em um restaurante em Knightsbridge, em Londres. Vivi tinha estudado na Sorbonne em Paris. Em maio daquele ano, os motins dos alunos eclodiram. Sua mãe ficou preocupada e encorajou-a a voltar para casa. Vivi retornou para Londres no sábado. Nós nos conhecemos no domingo de manhã e tivemos um encontro na noite do mesmo dia. Eu estava encantado. Sabia que ela era a ***pessoa certa*** *para mim. Olhando para trás, percebo que, apesar de ter apenas dezenove anos, seu sotaque britânico e Londres a fizeram parecer mais velha para mim. Eu tinha apenas vinte e cinco anos.*

1969 – Nosso namoro e casamento relâmpago foram acompanhados de uma grande mudança, especialmente para Vivienne. Mudamos do extremo oeste de Londres para o oeste de Hollywood, Califórnia. Além do choque cultural para ela, ainda estávamos nos conhecendo. Em algumas ocasiões, ela parecia estar irritada comigo, mas ela nunca conversava sobre isso. Era muito quieta, mas ficava ainda mais quando havia algum problema. Em geral, sentia-me no escuro e tentava adivinhar o que se passava com ela. Era muito frustrante. Precisava perdoá-la por sua falta de vontade e incapacidade para me dizer o que estava acontecendo.

1970 – Sou muito comunicativo e posso ser politicamente correto e dominador. Tinha algumas opiniões fortes sobre como deveríamos administrar nosso negócio. Por mais que ela tentasse, não conseguia me fazer mudar algumas atitudes derrotistas. Ela tentava argumentar comigo, mas a maioria das vezes eu a rejeitava. Muitas decisões que tomei naquelas circunstâncias levaram, mais tarde, a problemas reais no negócio. Não tenho dúvida de que eles também contribuíram para o nosso divórcio. Ao olhar para a minha parte naquela relação, honestamente, percebi que devia a ela muitas desculpas pela minha maneira autoritária e minha incapacidade para ouvir. Fiquei triste não só pelo que aconteceu comigo e ao meu negócio, ***mas precisava expressar genuinamente o quanto sentia por não ter sido capaz de ouvi-la quando ela tentava conversar e me ajudar****.*

1971 – Éramos muito diferentes. Quando abrimos nosso restaurante, nossas habilidades individuais criaram uma boa combinação. Enquanto eu era o simpático anfitrião e atencioso, ela era excepcionalmente criativa na cozinha e fazia pães deliciosos. ***Envolvido no negócio, nunca aproveitei a oportunidade para dizer a ela o quanto apreciava suas habilidades e o maravilhoso equilíbrio que ela trazia ao aspecto empresarial de nossas vidas****.*

1971 – Colocando de lado as questões de personalidade, não tínhamos muitas diferenças importantes de opinião ou filosofia. Estávamos, na maioria das vezes, de acordo em relação ao que fazíamos e onde esperávamos que isso nos levasse. Exceto em uma área: ela queria filhos. Parecia muito importante para ela. Tendo lutado muito desde cedo na vida, e finalmente sentindo alguma liberdade, eu não estava preparado para ter filhos de jeito nenhum. Vivi não parecia entender. ***Precisava perdoá--la por qualquer parte que o assunto filhos teve no seu pedido de divórcio. Também precisava me desculpar por não ter reconhecido e dito a verdade antes sobre mim****.*

1972 – Durante nossos quatro anos juntos, havia uma tremenda alegria. Nós entretíamos e éramos entretidos por celebridades. Nós éramos destaque na cidade. Era emocionante estar com ela em muitos eventos. Envolvido na energia do nosso estilo de vida e nosso negócio, nem sempre me lembrava de parar e expressar com palavras as emoções importantes que estava sentindo. Enquanto dizíamos o obrigatório "Eu te amo" toda noite, ***eu devia ter falado o quanto ela significava para mim, o quanto tinha orgulho de ser visto com ela e como eu a achava maravilhosa****.*

1972 – Geralmente estava preocupado com os acontecimentos diários em nosso restaurante. Não estava tão consciente do que acontecia em nosso casamento. ***Já disse que devia a ela algumas desculpas pelo meu jeito autoritário****. Não seria realista olhar para o relacionamento e concluir que foi só minha parte ou minhas fraquezas que o destruíram. Se eu precisava me desculpar pela minha dominação verbal moralista,* ***também precisava***

perdoá-la pelo seu silêncio e falta de vontade para lutar pelo que acreditava. Precisava perdoá-la por desistir e entregar os pontos.

1972 – Conforme o casamento progredia, havia uma grande confusão para mim. Por um lado, estava extremamente feliz e inconsciente de que havia um problema no paraíso. Tínhamos um negócio bem-sucedido e, na minha noção limitada, um casamento feliz. Por outro lado, essas áreas problemáticas que consigo ver agora com muita clareza estavam começando a ganhar força. Um dia, Vivienne me ligou e anunciou que estava me deixando, pedindo o divórcio. Aquele telefonema está fincado na minha memória. Ela não tentou falar comigo pessoalmente, mas o fez por telefone. ***Para mim, foi mais um exemplo de como ela não se expressava, e eu precisava perdoá-la por ter feito isso daquela maneira.***

1972 – Para mim, o divórcio foi muito repentino. Não sei como estou vivo, porque não consigo lembrar como dirigi meu carro por várias semanas seguintes ao divórcio. Devo ter caminhado falando, mas não me lembro de nada. Minha única percepção consciente sobre lidar com a perda foi ser forte para os outros. Agora eu era o ex, e não sabia o que fazer. Durante aquele tempo, tive uma revelação. Ficou claro que minha maior reclamação era que, quando havia um problema, ela não falava sobre ele. Por outro lado, percebi que, quando ela falava, eu não escutava. Não sabia o que fazer com essa conclusão. ***Muito depois percebi que precisava perdoá-la por não conversar sobre seus sentimentos e pedir-lhe desculpas por não escutá-la quando ela falava.***

(Nota: O divórcio terminou com o relacionamento conjugal e acabou com a conexão física do dia a dia. Mas alguns aspectos do relacionamento emocional e espiritual continuaram. Durante mais de trinta anos após o divórcio, Russell relata que há alguns poucos eventos perceptíveis que provocavam emoções nele. As duas próximas entradas mostram o que queremos dizer.)

1976 – Soube pela Vivienne que ela e seu novo marido tinham adotado dois meninos e, logo em seguida, ela engravidou e teve uma menina. Minha reação naquela época foi muito confusa. Claro que estava feliz por ela. Sempre acreditei que ela seria uma mãe fabulosa, mas um pedaço de mim estava magoado. Uma parte de mim revivia algumas antigas esperanças, sonhos e expectativas que tive quando estávamos juntos. ***Isso me fez lembrar da tristeza que senti pelo fato de que o sonho de ter filhos com ela não tinha se realizado.***

2002 – Recebi um recado da Vivienne, que agora mora na Espanha, que sua mãe havia falecido. Vivi me enviou uma cópia do obituário do London Times. *O recado trouxe uma série de lembranças e sentimentos.* ***Se eu tivesse feito há mais tempo o que precisava para me tornar emocionalmente resolvido, teria reagido à noticia triste e conseguiria conversar de forma aberta sobre minha relação com a Vivi e com sua mãe.***

Diferente, Melhor, Mais – Esperanças, Sonhos, Expectativas

Aí estão aquelas seis palavras novamente. Nós as usamos várias vezes antes e as repetimos aqui de propósito. Queremos que as ideias contidas nessas palavras ajudem a guiá-lo enquanto você faz sua revisão. Agora você vai olhar a fundo um relacionamento para descobrir o que gostaria que tivesse sido *diferente* ou *melhor* ou o que tivesse acontecido *mais*, e quais as *esperanças*, *sonhos* e *expectativas* não realizados. Você vai procurar o que gostaria de ter dito ou não, o que gostaria de ter feito ou não. E procurará o que gostaria que a outra pessoa tivesse dito ou feito, ou não. Você encontrará tanto nos eventos positivos quanto nos negativos e as colocará no gráfico.

Você pode ter vasculhado sua alma logo após um relacionamento. Você pode ter tido muito "trabalho" tentando entender o que aconteceu e por quê. Pode ter feito terapia ou frequentado grupos de ajuda, ou seguido inúmeros caminhos espirituais tentando reconstruir-se. Conhecemos muitas pessoas que fizeram algumas ou todas essas escolhas e obtiveram grande benefício. Às vezes, ter feito tudo isso cria a ilusão de que não há nada mais a aprender ou fazer. Algumas pessoas nos disseram que não tinham nenhum arrependimento a respeito de um relacionamento que acabara. Ainda assim, apareceram à nossa porta procurando ajuda. Não ter arrependimentos é maravilhoso, mas não se iguala à finalização emocional. Outras pessoas também nos disseram: "Eu disse tudo a ele – não há nada que não tenha dito". E elas também apareceram à nossa porta. Dizer tudo a alguém em geral não gera a finalização; na verdade, frequentemente, cria o oposto, como você verá um pouco mais adiante quando falarmos sobre as categorias de finalização.

Ainda que as pessoas tenham se esforçado, estamos para conhecer alguém que chegou à nós com todas as questões resolvidas. Ao seguir em frente, queremos que você entenda que essa revisão e a elaboração da sua situação emocional inacabada não interferem em nenhuma ação baseada na terapia que você tenha realizado ou em suas crenças espirituais. Não deixe o trabalho que você fez no passado impedi-lo de fazer os exercícios. Honramos o trabalho que você fez antes de chegar a este livro por ter ajudado a descobrir que há algo que ainda precisa ser concluído. Você não vai magoar alguém por seguir adiante; você só tem a ganhar.

Escrevendo explicações curtas

Russell escreveu um parágrafo para explicar cada registro em seu gráfico de revisão. Ao fazer isso, foi capaz de traduzir os eventos que tinha lembrado em forma de história, de modo que fizesse sentido e que ele pudesse reconhecer depois o que estava emocionalmente incompleto em cada registro. Você está prestes a fazer o mesmo. Esperamos que agora você tenha uma ideia geral de como escrever sobre suas histórias. Aqui vão algumas instruções específicas:

- Separe aproximadamente uma hora.
- Pegue seu caderno.
- Abra na página onde elaborou o gráfico da sua revisão de relacionamento. Olhe para o primeiro evento que você marcou. Vire para uma página em branco do seu caderno e escreva o ano em que o evento aconteceu (aproximado, se necessário) e depois escreva uma pequena frase sobre isso.
- **Após cada registro, deixe pelo menos duas linhas em branco. Você voltará e acrescentará algo naqueles espaços no próximo exercício**.
- Volte para o gráfico, selecione o próximo evento e siga o mesmo procedimento para cada evento.
- Imagine que lhe permitiram escrever algumas sentenças para contar a alguém sobre cada evento – o que aconteceu e como se sentiu – seja negativo ou positivo.
- Leve o tempo que for preciso nesta parte do exercício. Pense sobre cada um dos eventos antes de escrevê-los. Mais uma vez, tenha em mente que ninguém verá ou lerá suas anotações, então seja o mais honesto possível.

Escreva suas frases agora.

Quando estiver pronto, faça uma pausa. Deixe o que inseriu no gráfico e o que escreveu descansar. Você pode continuar imediatamente o próximo exercício ou pode tirar algumas horas ou mesmo um dia ou dois de folga antes de partir para a próxima e última parte desse exercício. Se você fizer uma pausa, lembre-se de colocar seu caderno em local seguro.

Capítulo 10

Três categorias que transmitem tudo o que é importante

Há três categorias de finalização que o ajudarão a transmitir tudo o que está emocionalmente incompleto entre você e a pessoa no relacionamento no qual esteve trabalhando.

Perdão
Desculpas
Frases emocionais significativas

As três categorias podem parecer simples, mas elas precisarão de alguma explicação. Ao esclarecê-las, salientaremos aqueles comentários destacados nas histórias da revisão de Russell. Ao final de cada uma de suas histórias há uma frase que representa a expressão emocional não realizada. Você pode tê-las notado, mas pode não ter percebido que cada um daqueles comentários destacados se encaixa em uma das três categorias de finalização – perdão, desculpas ou frases emocionais significativas. Você pode ainda não ter percebido que Russell não chegou a pedir de fato perdão ou desculpas. Ele simplesmente disse que precisava fazê-lo. Aqui vai uma frase que ilustra a ideia: ***Para mim, foi mais um exemplo de como ela não se comunicava, e eu precisava perdoá-la por ter feito isso daquela maneira.***

Conforme Russell elaborava seu gráfico e depois as histórias curtas, ele descobriu muitas expressões emocionais que tinham ficado inacabadas no final de seu relacionamento com Vivienne. A ação seguinte para ele era convertê-las em uma ou mais categorias de finalização. Vamos agora passar mais tempo explicando as três categorias para que você se prepare para o próximo passo de converter o que está emocionalmente inacabado para você.

Mas não consigo perdoar

A incapacidade ou falta de vontade para perdoar é uma das resistências mais comuns que ouvimos. Os relacionamentos acabam porque as pessoas não são capazes de viver os compromissos e promessas que fizeram um ao outro. Portanto, há sempre coisas que cada pessoa precisa perdoar. Ao longo do caminho, algumas coisas muito duras são ditas ou feitas. Embora o perdão seja muito útil, é um tópico muito difícil na melhor das hipóteses, e torna-se ainda mais difícil quando estamos nos recuperando da ferida emocional que se segue a um rompimento. Antes que você pense sobre o perdão, queremos que leia esta próxima seção muito atentamente.

Perdoar é abrir mão da esperança de um ontem diferente ou melhor

A falta de perdão é algo que não pode acontecer. Quando isso ocorre, significa que você quer que o mundo retorne ao fato que causou sua dor para que possa terminar de forma diferente. A parte mais triste da falta de perdão é que a pessoa que não perdoa é a única que continua a sofrer.

A ideia de abrir mão de uma demanda impossível envolve um novo entendimento sobre o que o perdão realmente é e sugere o quanto pode ser útil quando usado apropriadamente. Isso só demonstra o quanto você pode tornar-se preso ao passado, o que automaticamente restringe seu futuro. O perdão ainda é um dos conceitos menos compreendidos do mundo. A maioria das pessoas parece transformar a palavra *perdoar* na palavra *tolerar*. Não sabemos como exatamente essa confusão surgiu, mas as definições no dicionário *Merriam-Webster's Tenth Collegiate Dictionary* ajudam a ilustrar o problema.

Perdoar: "cessar de sentir ressentimento contra (um ofensor)".

Tolerar: "tratar como trivial, inofensivo ou sem nenhuma importância".

Se você usar a definição de perdoar do dicionário, você está no caminho certo. Porém, se você acredita que *perdoar* e *tolerar* são sinônimos, é impossível que você alguma vez perdoe. A sugestão de que você deve banalizar um evento horrível é claramente inaceitável. Qualquer ressentimento de eventos passados limita e restringe sua capacidade de participar por completo da vida. Qualquer coisa que lembre a pessoa ou o evento pode estimular um reviver doloroso das emoções não expressadas ligadas a isso. O sucesso da recuperação requer elaboração da dor em vez de retenção do ressentimento. Você é o único que sofre quando não perdoa.

O assunto perdão carrega consigo muitas crenças, passadas de geração a geração. A maioria dessas crenças não reflete a simples e exata definição do dicionário. Algumas pessoas desenvolveram uma resistência tão massiva à palavra *perdão* que nem conseguem usá-la. Recentemente ajudamos uma mulher na seguinte situação. Vamos chamá-la de P. Demos a ela a seguinte frase no lugar de perdoar: "*Reconheço as coisas que você fez ou não fez que me machucaram e não vou deixar que elas me machuquem mais*". Uma variação da frase é dizer: "*Reconheço as coisas que você fez ou não fez que me machucaram e não vou deixar minhas lembranças desses incidentes me machucarem mais*".

Perdoar é uma ação, não um sentimento

Muitas pessoas dizem: "Não consigo perdoá-lo; não sinto vontade de perdoá-lo". Ao que dizemos: "Claro que não, você não pode sentir algo que não tenha feito". Você não pode sentir o perdão até que você perdoe. Além disso, o mais provável é que você nunca "sentirá" vontade de perdoar alguém que o magoou. Você terá de se forçar a realizar a ação de perdoar, e para fazer isso é preciso entender que você é o real beneficiário do perdão. É o que o liberta de sua prisão emocional. Um sentimento de perdão só pode resultar da ação de verbalizar o perdão. Ação primeiro, sentimentos depois. Porém, o perdão nunca deve ser dado diretamente para a pessoa que está sendo perdoada. Explicaremos isso logo mais.

O perdão é o resultado de abrir mão do ressentimento que você guardou contra outra pessoa. Você pode precisar perdoar algo que realmente fizeram ("Eu o perdoo por ter mentido para mim") ou algo que não fizeram ("Eu o perdoo por não me ajudar com as crianças"). Você pode precisar perdoar por um tom de desdém que tenha percebido. Não importa se tinha a intenção de que parecesse assim. O que importa é que você acreditou e isso o afetou emocionalmente.

Há outra expressão estranha: "Posso perdoar, mas não consigo esquecer". Isso mistura duas ideias separadas que não estão diretamente conectadas. Imagine que seu companheiro o chamava de estúpido todos os dias durante anos. Não há uma vaga possibilidade de se esquecer esses incidentes. A implicação do "Posso perdoar, mas não consigo esquecer" é que se não consigo esquecer, não perdoarei.

Mas pergunte a si mesmo, quem fica na prisão? Quem continua a se ressentir e, ao fazer isso, fecha sua própria mente, corpo e coração? A vida de quem é limitada pela falta de perdão?

Como mencionamos, o perdão deve sempre ser comunicado indiretamente. Essa não é algo facultativo. A razão para isso é que o perdão é sempre percebido como um ataque. Quando você perdoa uma pessoa, está dizendo a ela que você está certo e ela está errada. Ninguém vai ficar sentado enquanto você diz que ela está errada. Você também não iria. Você automaticamente se defenderá toda vez que se sentir atacado.

Somos questionados com frequência se é apropriado perdoar alguém diretamente, pessoalmente, ou de qualquer outro modo pelo qual a pessoa soubesse que está sendo perdoada. Nossa resposta é *Não! Não! Não!* A pessoa perdoada não necessariamente precisa saber que isso aconteceu. **Lembre-se, não perdoe alguém diretamente. Ou pelo telefone, ou por carta, ou e-mail**. Essas são apenas variações da comunicação direta.

Muitas pessoas pedem aos outros para perdoá-las. Achamos isso incorreto. Na verdade, quando você pede para ser perdoado, está sendo manipulador: você está pedindo para a outra pessoa fazer algo que você precisa fazer. Quando você pede para ser perdoado, você está realmente tentando se desculpar por alguma coisa que disse ou fez. Nesse caso, está claro que é *você* quem precisa tomar atitude, não pedir a outra pessoa que o faça por você.

Preciso perdoá-lo para que eu possa ser livre.

Quando as pessoas têm dificuldade para perdoar, sugerimos que acrescentem uma simples frase, *para que eu possa ser livre,* o que as ajudará a lembrar quem estão tentando ajudar quando perdoam. Pode ser verdade que as ações insensíveis, inconscientes e, às vezes, maldosas de nossos antigos companheiros podem ter nos machucado. Mas é o *nosso* contínuo ressentimento e falta de perdão que nos machucam, não eles. Imagine que a pessoa que o magoou tenha morrido. O seu ressentimento contínuo pode magoá-lo? Certamente que não! Pode magoar você? Infelizmente, sim. Quando usamos qualquer uma das categorias de finalização, nosso objetivo é nos libertarmos. Perdoamos para readquirir nossa própria sensação de bem-estar.

O perdão não tem nada a ver com a outra pessoa.

O perdão é somente para você – use-o para que você seja livre.

Desculpas

Pedir desculpas pode ser difícil também. Assim como no caso do perdão, a ausência de uma definição precisa contribui para o problema. Vamos começar definindo *desculpa* para o propósito do trabalho que estamos realizando. Uma definição para *desculpa* em nosso *Merrian-Webster* explica melhor o que queremos dizer: "*admitir o erro ou falta de educação, acompanhada por uma expressão de arrependimento*". Acrescentamos a essa definição que você precisa pedir desculpas por qualquer coisa que fez ou não fez que possa ter magoado seu parceiro. Você pode dever desculpas por algo que realmente fez ("Desculpe por ter mentido para você") ou por algo que deixou de fazer ("Desculpe por não ter ajudado mais com as crianças"). Como pode ver, esse é o outro lado do perdão, o que mostra que cada parceiro pode enxergar o mesmo evento de uma perspectiva diferente. Mas você pode dizer somente o que você fez ou não, ou sua reação ao que seu parceiro fez ou deixou de fazer. Há momentos em que você terá que dizer em duas categorias. Por exemplo: "Desculpe por reagir sempre e descontar em você muitas vezes".

Até agora pedimos a você para focar naquilo que realmente disse ou fez que pode ter magoado seu parceiro. Mas você não deve ignorar os pensamentos negativos e julgamentos que teve sobre ele, mesmo que você possa nunca tê-los dito. Você ainda precisa desculpar-se, *indiretamente*, por esses pensamentos. Como na maioria dos pedidos de desculpas, aqueles que estão relacionados aos seus pensamentos particulares devem e têm que continuar indiretos. Ocasionalmente, você descobrirá alguns pedidos de desculpas que podem seguramente ser feitos para seu antigo parceiro quando e se a situação permitir. Porém, as circunstâncias que envolvem a maioria dos términos de relações não encorajam ou apoiam esse tipo de interação. Por uma série de motivos, incluindo o fato de que seu ex não está necessariamente realizando ações para tornar-se emocionalmente resolvido, a maioria das tentativas de se comunicar diretamente sobre tais problemas fracassam. Ainda que ele esteja fazendo o mesmo que você neste livro, a percepção dele do que aconteceu e quem foi culpado será diferente da sua.

A mentalidade de vítima torna o pedido de desculpas difícil. Em reação a eventos embaraçosos, difíceis ou abusivos, algumas pessoas ficam presas a isso. Como resultado, elas frequentemente adotam o que pode ser chamado de mentalidade de vítima. Nessa posição, acham difícil acreditar que jamais tenham que se desculpar, já que sempre sentem como se tivessem sido injustiçadas, e têm dificuldade de assumir responsabilidade por algo que fizeram ou disseram que possa ter magoado os outros. Em um novo relacionamento, frequentemente vão se considerar vítimas de seus parceiros. Infelizmente, essa é uma posição familiar baseada no passado e não necessariamente a realidade atual. Isso coloca uma carga no parceiro que deve estar em constante alerta para nunca dizer ou fazer qualquer coisa que pudesse ser considerada ofensivo. Mais adiante, daremos algumas orientações sobre como concluir outros tipos de relacionamentos que possam ter feito com que você se considerasse uma vítima.

Você não pode sentir-se completo com nada menos que toda a verdade. As vezes, nos relacionamentos, um parceiro pode se sentir ferido pelo outro. Ainda que sinta que seu parceiro afronta mais do que você, você deve pedir desculpas pela sua parte. Há necessidade de desculpar-se pelas suas transgressões, não importa o quanto tenham sido insignificantes ou pouco frequentes. Repetindo, a maioria das desculpas deve ser feita no contexto deste trabalho e não diretamente para seu antigo parceiro.

Certo ou Resolvido – escolha um

Às vezes, nossa necessidade de estarmos com a razão pode ser um grande problema para pedirmos desculpas. Nosso sentido de que estamos certos pode nos impedir de sermos totalmente honestos sobre nossas ações e falta delas. Como o fim dos relacionamentos tendem a ser cheios de nossa análise unilateral de quem estava certo ou errado, devemos estar especialmente alertas na área das desculpas. Há uma tendência de ficarmos envolvidos com a ideia de que já que a outra pessoa nos magoou, não temos que pedir desculpas. Embora seja verdade que você se sente ferido pelo que fizeram, isso não elimina sua necessidade de desculpar-se pelas coisas que você fez.

Declarações emocionais significativas

A terceira maior categoria para externar emoções e sentimentos que não foram expressos é chamada de declarações emocionais significativas. Qualquer comunicação importante para você, que não seja perdoar ou pedir desculpas, cairá convenientemente nessa categoria geral.

Aqui estão alguns exemplos:

Positivo

Obrigada por ser tão maravilhoso com minha família.

Apreciei sua ajuda quando estava desempregado.

Obrigado por deixar o glacê para mim – minha parte favorita.
Obrigada por cuidar de mim quando estava doente.

Negativo

Odiava todas as vezes que você fazia planos para nós sem me consultar.

Odiava quando você me envergonhava em público.

Fiquei tão magoada porque você nunca dizia "Eu te amo" a menos que eu pedisse.

Era tão difícil conversar com você; sentia que estava pisando em ovos.

A categoria de declarações emocionais significativas é simples e profunda ao mesmo tempo. Permite que você diga qualquer coisa que está mantendo inacabada. Embora as declarações individuais possam parecer menores, **é o acúmulo das comunicações emocionais não realizadas que aumentam em um relacionamento e contribui para uma sensação de inacabado**. Você definitivamente não quer carregar esse acúmulo para seu próximo relacionamento. Pode haver coisas que você disse a seu parceiro e que você acredita que ele jamais tenha ouvido. Dizer novamente neste contexto pode ser útil.

Alerta importante: todas as declarações emocionais significativas negativas devem ser acompanhadas de perdão. Usando um dos exemplos anteriores, é assim que você deve fazê-lo: "Odiava todas as vezes que você fazia planos para nós sem me consultar". **Preciso perdoá-lo por cada vez que você fez isso**. Se você fracassar em perdoar por algo negativo, você não alcançará a finalização. Para entender o que queremos dizer, pense em alguém que você conheça que tem repetido a mesma história dolorosa diversas vezes sobre como alguém a magoou. O que você pode perceber é que enquanto não há perdão, não haverá finalização, só um circuito infinito.

Identificando o que está inacabado para você

Repetimos a ideia de que, quando os relacionamentos acabam, há sempre algo que desejamos que tivesse sido *diferente* ou *melhor* ou que tivesse havido *mais,* para ajudá-lo a entender o que é realmente incompletude. Na realidade, foi sob o título dessas três palavras que você encontrou o que o deixou incompleto em relação ao seu parceiro anterior. Quando fez a revisão dos relacionamentos amorosos você estava, na verdade, usando essas ideias para fazer suas descobertas. Em termos simples, as coisas negativas que você colocou abaixo da linha são aquelas que deseja que tivessem sido *diferentes* ou *melhores.* As coisas positivas que você colocou acima da linha são as que deseja que tivessem havido *mais* ou que tivessem sido ditas.

Quando um relacionamento acaba, há sempre *esperanças, sonhos* e *expectativas* desfeitos. No momento em que chegamos a um divórcio ou rompimento, essas esperanças e sonhos parecerem muito longe. No entanto, esses sentimentos que estavam ligados ao relacionamento são um aspecto importante que devem ser comunicados como declarações emocionais significativas. Agora é hora de colocar em palavras os pensamentos e sentimentos que o fim roubou de você a oportunidade de dizer. A categoria das declarações emocionais significativas dá a você a oportunidade de expressar as esperanças e os sonhos que não vão se realizar.

A gratidão é emocionalmente significativa

Em nossa busca pela verdade nos relacionamentos que acabaram, não devemos ignorar as coisas pelas quais somos gratos ao nosso parceiro. Embora a aspereza do final geralmente obscureça os melhores momentos, precisamos expressar as coisas positivas que sentimos ou sentíamos em algum momento. Há provavelmente alguns itens para você que se encaixam no título de gratidão. Há vários exemplos na curta lista que fizemos para demonstrar as declarações emocionais significativas. A primeira era: "Obrigada por ser tão maravilhoso com minha família". Poderia também ser declarada como um pedido de desculpas: "Desculpe por não ter dito o quanto apreciei o modo como você era com a minha família". Nesse caso, o pedido de desculpa é seguido de uma frase simples e significativa: "Obrigado".

NUNCA FAÇA DECLARAÇÕES NEGATIVAS DIRETAMENTE

Ao lidar com pessoas, nunca é apropriado fazer declarações emocionais significativas negativas diretamente a elas. Damos as mesmas orientações para esta categoria que aquelas ditas ao tratarmos do perdão. Já que a finalização é o objetivo final, você deve conscientizar-se do que faz para reforçar a finalização ou a enfraquecer.

Esperamos que você tenha agora um entendimento mais claro do que queremos dizer quando usamos as categorias perdão, desculpas e declarações emocionais significativas. Sabemos que o modo como ensinamos o perdão é muito diferente da maioria das escolas de pensamento. Também temos ciência de que nossa ideia sobre não confrontar ninguém com perdão ou qualquer comentário significativo não é universalmente compreendido ou aplicado. O objetivo do que ensinamos é a finalização de assuntos emocionais inacabados. Se você atacar ou confrontar alguém, ainda que acredite que o que está dizendo é verdade, isso criará mais assunto inacabado. Você não pode partir da suposição de que a pessoa que está perdoando concorda com você. Na verdade, é muito improvável que seja assim.

Acrescentando categorias de recuperação às entradas de sua história

Agora é hora de você acrescentar as categorias de recuperação a cada uma de suas histórias. Primeiro, olhe novamente as histórias da revisão de Russell no início do capítulo 9. Em seus comentários sobre cada um dos incidentes em sua revisão, você notará que uma comunicação emocional não realizada está destacada. Como mencionamos um pouco antes, esses comentários são feitos em forma de sentenças. Russell diz: "**Precisava perdoar**" e "**Precisava pedir desculpas**". Na verdade, ele não expressa o perdão e as desculpas naquele momento.

Ao ler novamente a revisão de Russell, isso o ajudará a entender como identificar a comunicação emocional não realizada em cada uma das linhas de suas histórias. Já que só há as três categorias, você não deve ter muito trabalho para decidir se precisa perdoar, pedir desculpas ou fazer alguma declaração significativa. Tenha em mente que algumas de suas histórias exigirão comunicação em mais de uma categoria. Por exemplo, uma comunicação de Russell é: "Muito depois percebi que precisava perdoá-la por não conversar sobre seus sentimentos e pedir-lhe desculpas por não escutá-la quando ela falava".

Você pode ter sentimentos fortes em relação a muitas das coisas que aconteceram no relacionamento. Tudo bem se você ficar irritado, triste, frustrado, confuso, ou qualquer coisa que você sinta. Não se julgue por ter sentimentos. Não caia na armadilha de analisar ou intelectualizar tudo que lembrou. Queremos que você procure os sentimentos que teve quando esses eventos aconteceram e alguns dos quais você pode ter levado adiante. Fique focado no relacionamento no qual está trabalhando, embora outras pessoas e relacionamentos possam vir à mente.

Reserve uma hora e tenha uma caixa de lenços descartáveis, no caso de precisar. Agora pegue seu caderno e vá para sua revisão dos relacionamentos amorosos. Você pode usar tanto o gráfico quanto as histórias para ajudá-lo. Você vai colocar um evento de cada vez e atribuir uma categoria de finalização para tudo o que você escreveu nas suas histórias. Por isso dissemos a você, **após cada entrada, deixe pelo menos duas linhas em branco. Você voltará e acrescentará algo naqueles espaços no próximo exercício**. Você vai registrar seus comentários da categoria de finalização nesses espaços agora. Quando tiver terminado, o perdão, as desculpas e as declarações emocionais significativas que você precisa fazer serão anexadas a cada uma de suas histórias.

Você pode se sentir incompleto a respeito de alguns de seus registros, mas transforme-os em categorias mesmo assim. Você não pode perder nada ao fazer isso. Em geral, os eventos acima da linha serão pedidos de desculpas ou declarações emocionais significativas. Na revisão do relacionamento amoroso de Russell com sua antiga esposa, Vivi, ele disse: "Envolvido no negócio, nunca aproveitei a oportunidade para dizer a ela o quanto apreciava suas habilidades e o maravilhoso equilíbrio que ela trazia ao aspecto empresarial de nossas vidas". Quando ele converteu isso em uma categoria, transformou em uma necessidade de expressar um pedido de desculpas. Ele escreveu: "Vivi, preciso pedir desculpas por nunca ter dito o quanto apreciava suas habilidades e as coisas positivas com as quais você contribuiu para o nosso negócio. Obrigado". Você notou, no final, ele acrescenta: "Obrigado", o que se torna uma declaração emocional significativa.

Os eventos abaixo da linha exigirão perdão e declarações emocionais significativas. Alguns eventos podem exigir as duas categorias, *especialmente os eventos negativos*. Em outra parte da revisão ele diz: "Vivi não parecia entender. Precisava perdoá-la por qualquer peso que o assunto sobre filhos teve no seu pedido de divórcio". Isso foi convertido em duas categorias. A primeira metade é uma declaração emocional significativa, e a segunda contém o perdão. Ele escreveu: "Vivi, fico triste que você não tenha compreendido que eu não estava preparado para ter filhos. Preciso perdoá-la por não querer esperar por mim".

Não é incomum que alguns eventos tenham tanto elementos positivos quanto negativos. Por exemplo, talvez seu parceiro tenha pago a matrícula de uma academia de presente e depois ficou cobrando você para se exercitar. O que você deveria dizer para a finalização, seria: "Obrigado por pagar a minha matrícula na academia, e eu o perdoo por me chatear para ir".

Quando você começou o gráfico de revisão, sugerimos que, caso tenha encontrado eventos semelhantes que aconteceram repetidas vezes, você poderia listar alguns, mas não precisava repetir cada um deles. Agora, ao converter os eventos em categorias emocionais, você pode consolidá-los ainda mais. A chave é refiná-los de modo que seus comentários representem principalmente as comunicações emocionais não realizadas. Depois de ter eliminado os eventos repetidos, você deveria ter um registro para aqueles que permanecem pelo menos em uma categoria de finalização. Não fique excessivamente preocupado se você repetir comunicações que acha que já tinha dito diretamente ao seu parceiro. Não tem problema reafirmar qualquer perdão, desculpa ou declaração emocional significativa que você tenha feito no passado. Também não se preocupe se você listou mais de um evento que precisa da mesma comunicação de finalização. Em breve, você terá a oportunidade de refinar tudo que você fez neste exercício.

Comece o trabalho. Quando terminar, coloque seu caderno em um local seguro.

Capítulo 11

Caminhando para a finalização

Agora você está pronto para finalizar o que descobriu que está inacabado no relacionamento. Já que o relacionamento acabou, ou mudou de positivo para negativo, você provavelmente familiarizou-se com a dor que associou a isso. Agora é hora de finalizar o vínculo com aquela dor apresentando efetivamente o que ficou inacabado para você, de modo que possa seguir em frente na sua vida.

Uma carta de despedida não é uma carta de finalização

Pela sugestão de amigos e professores bem-intencionados, muitas pessoas escrevem cartas de despedidas para seus antigos parceiros amorosos. É possível que você tenha escrito uma dessas cartas. Apesar de não lhe ter causado dano, deixaram-lhe desejoso de mais ajuda, o que o trouxe a este livro. Se você estiver se perguntando o motivo, é porque uma carta de despedida, sem conteúdo apropriado, geralmente cria apenas a sensação de alívio a curto prazo, mas tem ausência de benefício a longo prazo. Em geral, as cartas de despedida são meramente uma descrição de eventos e emoções, que mais se parece com um informativo. A maioria dessas tentativas de finalização é um fracasso. Para ter sucesso, é essencial que o conteúdo da carta seja expressado em categorias de finalização em vez de no estilo de um informativo emocional. É por isso que passamos tanto tempo explicando as três categorias para que você possa converter o trabalho que fez em uma carta de finalização.

A CARTA DE FINALIZAÇÃO DO RELACIONAMENTO

Escrever a carta o ajudará a tornar-se emocionalmente resolvido em relação ao relacionamento que ficou inacabado para você. Agora será capaz de dizer adeus ao que está emocionalmente incompleto. Você será capaz de dizer adeus a qualquer dor associada ao relacionamento, incluindo todas as esperanças, os sonhos e as expectativas não alcançadas. Você pode dizer adeus à expectativa irreal de obter algo de alguém que não podia ou não queria lhe dar. Embora você se torne completo com qualquer coisa dolorosa, você será capaz de guardar as lembranças afetuosas do relacionamento. E, finalmente, você será capaz de seguir em frente.

Alguns de vocês podem nunca mais ver ou ouvir falar de seu parceiro novamente. Outros manterão uma amizade ou conexão porque vocês têm filhos ou apenas porque desejam. Para vocês que são obrigados a ter contato, mas não gostam muito da ideia, esta carta os ajudará a lidar com essa situação incômoda. Tenha em mente que os aspectos relativos ao perdão nessa carta ajudarão a gerar liberdade emocional para você. O mais importante é que você finalmente alcançe a liberdade para recomeçar sua vida e conseguir encontrar a felicidade em um relacionamento amoroso duradouro.

Exemplo de carta de finalização de relacionamento

Aqui está uma versão simplificada da carta de finalização de Russell para Vivi. Ela contém exemplos suficientes para ajudá-lo a ver como construir sua carta, mas daremos também instruções detalhadas.

Querida Vivi,
Revisei nosso relacionamento e descobri algumas coisas que quero dizer.
Vivi, eu te perdoo por não me contar o que estava acontecendo com você.
Vivi, fico triste que você não tenha compreendido que eu não estava pronto para ter filhos. Eu te perdoo por não querer esperar por mim.
Vivi, eu te perdoo pelo modo como você terminou o relacionamento.
Vivi, peço desculpas por ser tão autoritário.
Vivi, peço desculpas por não ter escutado o que você estava tentando me dizer.
Vivi, peço desculpas por nunca ter dito o quanto apreciava suas habilidades e as coisas positivas com as quais você contribuiu para o nosso negócio. Obrigado.
Vivi, quero que saiba o quanto tinha orgulho de ser visto com você.
Vivi, quero que você saiba que estou certo de que você é uma mãe fabulosa. E as vezes eu fico triste porque não nos tornamos pais juntos.
Vivi, tenho que ir agora,
Adeus, Vivi.

Instruções para sua carta de finalização

Para escrever a carta de finalização é melhor estar sozinho e em uma sessão completa. Escrever a carta pode ser uma experiência emocional dolorosa, e há muita tentação para evitar a dor. Você já provou sua coragem; use-a agora para escrever essa carta. Muitas pessoas sabem há muito tempo o que está emocionalmente mal resolvido; elas só não sabiam o que fazer com isso. Você sabe o que tem que fazer; agora você precisa fazê-lo.

Instruções específicas: reserve pelo menos uma hora. A maneira mais efetiva de escrever sua carta é ter à frente sua revisão dos relacionamentos amorosos e sua lista de perdão, desculpas e declarações emocionais significativas. Verifique a revisão e as listas e, depois, escreva sua carta. Embora sua revisão e as listas possam conter muitas repetições, não é necessário repetir as mesmas comunicações de finalização várias vezes. Use essa carta para consolidá-las da forma mais concisa possível. Sua carta deve estar primariamente focada nas categorias de finalização.

Não há limite de quanto você pode escrever, mas a intensidade emocional é frequentemente perdida quando é muito grande. Esta é sua oportunidade de expressar as coisas mais importantes não ditas bem como aquelas que você sente que seu parceiro nunca ouviu. Pode haver algo que você lembra de ter dito e acredita que seu parceiro ouviu mas ainda sente uma necessidade de dizer novamente nessa carta. Por favor, faça. Geralmente, duas ou três páginas do tamanho padrão são suficientes. Não tem problema escrever um pouco mais ou um pouco menos. Se você tem mais de cinco páginas, provavelmente precisa checar se está repetindo as mesmas coisas.

Escrever a carta pode ou não ser uma experiência emocional para você. Não se preocupe se não for. Somos todos diferentes e únicos. Somente seja o mais honesto possível. Tenha em mente que a carta nunca será vista ou ouvida pela pessoa para quem é escrita. Porque contém perdão e declarações negativas, não é seguro nem apropriado que ela leia ou ouça. O fato de que ela nunca a verá dá a você a segurança de ser totalmente honesto.

Apesar das coisas dolorosas – e, às vezes, abusivas que acontecem nos relacionamentos –, algumas pessoas chegam a esse ponto e sentem compaixão por seus antigos parceiros. Eles querem dizer: "Você fez o melhor que pôde com o que tinha nas mãos". Embora isso pareça certo, não é. Isso inadvertidamente desculpa ou defende o comportamento ruim e nega o perdão que você está declarando na carta. Talvez você esteja ciente de que seu parceiro foi maltratado na infância. Mesmo que isso seja verdade, não justifica que ele o machuque de qualquer forma. Já que você seguiu nossas sugestões, estará perdoando-o por qualquer coisa que o prejudicou. Tendo feito isso, se você realmente sente alguma compaixão por ele, a melhor maneira é dizer: "Quero que saiba que tenho compaixão por você devido às coisas com que teve que lidar na sua vida". Como pode ver, essa declaração não exime ou desculpa qualquer coisa que tenha feito a você. Esse comentário deve ser no final da sua declaração emocional significativa.

É hora de começar. Aqui está um exemplo para ajudá-lo com sua carta.

> Querido Fred,
> Tenho revisado nosso relacionamento e descobri algumas coisas que quero lhe dizer.
> Fred, eu o perdoo por...
> Fred, eu o perdoo por...
> Fred, eu o perdoo por...
> Fred, peço desculpas por...
> Fred, peço desculpas por...
> Fred, peço desculpas por...
> Fred, quero que saiba...
> *[declaração emocional significativa]*
> Fred, quero que saiba...
> *[declaração emocional significativa]*
> Fred, quero que saiba...
> *[declaração emocional significativa]*

Você pode ter mais que três registros em cada categoria. A maioria das pessoas acha útil mantê-los agrupados em categorias, mas isso é só uma sugestão.

Encerrando sua carta

Para completar o que descobriu, você deve encerrar a carta definitivamente. Quando você fala com um amigo ao telefone, você conclui a conversa com a palavra *tchau*. Concluímos nossa carta de finalização com um "adeus".

Outros tipos de cartas de finalização em geral terminam com expressões de amor e saudações afetuosas, mas isso não é normalmente o caso depois de os relacionamentos amorosos terem terminado. O encerramento mais efetivo e preciso é apenas: "Tenho que ir agora, tenho que deixar a dor ir embora. Adeus, Fred". Porém, algumas pessoas escolhem terminar sua carta com: "Eu te amo, sinto sua falta. Adeus, Fred."

Você pode criar outras frases de encerramento com base no que é verdadeiro para você. O que deve permanecer constante são as duas últimas palavras: "Adeus, Fred". O fracasso em dizer adeus pode frequentemente negar todo o bom trabalho que você fez. **É o adeus que completa a comunicação**. Por favor, não o substitua por outras palavras. Não dizer adeus deixa a comunicação em aberto e corre o risco de deixá-la incompleta.

Como dissemos, reserve pelo menos uma hora e, quando você terminar, coloque sua carta de finalização em um local seguro.

Capítulo 12

SE UMA ÁRVORE CAI NA FLORESTA...

Nossos *workshops* são frequentados por pessoas que estão lidando com uma morte ou um divórcio ou outras questões importantes relacionadas à perda. Uma vez uma mulher chegou em um *workshop* cinco anos após a morte de seu marido. Ela abriu mão de três dias inteiros de sua vida e uma quantia substancial em dólares para assistir às paletras juntamente com outras doze pessoas. Desde a primeira manhã do *workshop*, ela dizia que já tinha resolvido a questão da morte do seu marido. Não discutimos com ela, só dissemos tudo bem. Entendemos que se ela estava disposta a abrir mão de três dias para assistir a um seminário, ela devia ter deixado algo para trás. Os Workshops Pessoais que fizemos naqueles dias usaram uma variação de exercícios que fazemos em nossos Seminários de Relacionamentos que você fez neste livro.

Na verdade, ela tinha feito tudo o que pedimos a você do jeito que sugerimos. Em cada momento crítico ao longo do caminho, ela dizia: "Eu fiz isso", então dizíamos: "OK, faça novamente". Sabíamos que chegaria o momento em que ela diria: "Opa, isso aqui eu não fiz". Ela tinha escrito uma carta, semelhante à que você acabou de escrever. Ela conseguiu fazer os comentários nas três categorias que lhe explicamos, porque essa é a maneira mais lógica de dizer aquelas coisas. Ela tinha até levado a carta ao túmulo de seu marido e leu-a em voz alta. Mesmo assim, ela apareceu no nosso *workshop* anos depois.

O que estava faltando? Você ainda não descobriu?

No *workshop*, exatamente em um ponto parecido ao que você está agora, nós anunciamos: **"Comunicações não realizadas de natureza emocional devem ser verbalizadas" e "Elas devem ser ouvidas por uma outra pessoa para ser efetiva".**

Ouviu-se uma respiração entrecortada na sala. Era ela. Ela tinha encontrado a peça que faltava em seu quebra-cabeça. Embora tivesse lido a carta em voz alta no túmulo, ela não tinha sido ouvida por ninguém. Claro que havia alguns elementos novos na carta que ela escreveu dessa vez, já que muitas coisas tinham ocorrido em sua vida desde que ele morreu. Mas os itens básicos – perdão, desculpas e as declarações emocionais significativas – não estavam muito diferentes.

Nosso cérebro pode ser um tanto teimoso. Não importam quais sejam nossas crenças espirituais ou religiosas, o subconsciente exige um ouvinte para atestar a completude de nossa comunicação. Não estamos tentando ser místicos ou psicologicamente técnicos; é só que nossa experiência prática em ajudar as pessoas a tornarem-se emocionalmente completas nos ensinou o que funciona e o que não funciona. Nesse ponto, acreditamos que você está 98% emocionalmente completo em seu relacionamento com a pessoa sobre quem escreveu a revisão de relacionamento e a carta de finalização. Os últimos 2% são seu novo 100%. Você deve ler a carta em voz alta para alguém para que possa tornar-se uma comunicação completa para você. A seguir estão algumas diretrizes específicas para ler sua carta, tanto para você quanto para seu ouvinte.

Escolhendo seu ouvinte

A pessoa que ouvir você ler sua carta *não* pode ser a pessoa para quem ela é escrita.

Fomos absolutamente claros de que você não pode ler a carta para seu antigo parceiro?

Agora, no caso de você não ter compreendido, há alguém que *não* é um ouvinte apropriado.

É isso mesmo, se você tem um parceiro *atual*, ele não pode ser seu ouvinte.

Há muitas outras pessoas que não podem ser audiência para esta carta, incluindo seu antigo parceiro, irmão, irmã, mãe, pai, amigo ou qualquer pessoa que tenha ou teve alguma relação com seu antigo parceiro. A maioria dos seus amigos também se relacionou com seu parceiro, então eles trazem seus próprios sentimentos, bons, maus ou mistos e não são uma boa escolha para ouvir sua carta. Você não quer colocar ninguém em uma situação embaraçosa como resultado de ouvir o que você escreveu na sua carta. Considerando que você está contando sua versão da verdade com suas emoções, seu ouvinte precisará ser o mais neutro possível em relação à outra pessoa.

Você pode ter contatos com pessoas de áreas de sua vida que não conheceram seu parceiro. Elas podem ser melhores candidatas. Um terapeuta, um clérigo, ou outra pessoa, que já tem um entendimento da necessidade de sigilo, é também uma boa escolha. O ouvinte deve comprometer-se, antecipadamente, com o absoluto sigilo. Ele deve concordar que nunca contará o que ouviu quando você leu sua carta. Se ele não está disposto a firmar esse compromisso, encontre outra pessoa. Em seguida, você pedirá que ele leia as "Instruções para o ouvinte" a seguir. Ele deve concordar com cada uma das sete diretrizes. Sem negociação! Sem exceção!

Instruções para o ouvinte

1. Sua primeira instrução é adotar a imagem de um **coração com ouvidos**. É seu trabalho ouvir somente. Você pode rir ou chorar se apropriado, mas não deve falar de jeito nenhum. Nada que você fizer pode implicar julgamento, crítica ou análise.

2. Posicione-se a pelo menos alguns metros de distância do leitor. Não queremos que fiquem muito perto; pode ser um pouco intimidador. Deixe seu corpo relaxado. Você está ouvindo uma importante comunicação pessoal. Não tenha uma caneta ou papel em suas mãos. Tire seu relógio, para que você não olhe para ele inadvertidamente.

3. Durante a leitura da carta, não toque no leitor. Nesse momento crítico, o toque geralmente impede os sentimentos. Embora nem todo mundo fique emocionado enquanto lê, não queremos inibir os sentimentos que possam acontecer.

4. Há uma grande possibilidade de você ser afetado ao ouvir o que é lido. Que isso não seja problema para você. Porém, você deve ter em mente que isso não diz respeito a você. Então, até um certo limite, você tem que controlar a intensidade de sua reação. Por outro lado, se as lágrimas rolarem dos seus olhos, deixe-as. Se você enxugá-las, você dá a mensagem de que chorar é ruim.

5. Sua presença é importante para o leitor. Você deve ficar *no momento*, ainda que sua mente ou coração queiram distraí-lo. Ouça com seu coração em nome do leitor.

6. Assim que o leitor disser adeus, imediatamente ofereça-lhe um abraço. Você saberá quanto tempo o abraço deve durar. Não se apresse. A carta é o ponto principal de um trabalho muito exaustivo.

7. Não analise, julgue ou critique. Não é uma boa ideia conversar sobre a experiência depois. Conversar tende a levar a análise, julgamento ou racionalização.

Instruções para o leitor da carta

1. Escolha um local que seja totalmente seguro para você. Evite locais públicos.

2. Leve uma caixa de lenços descartáveis. Mantenha os lenços onde você possa pegá-los se precisar. Não queremos que seu ouvinte entregue-os a você.

3. Antes de começar a ler sua carta, feche seus olhos. Embora você tenha recrutado a ajuda de seu ouvinte, seu objetivo é ler a carta para quem foi escrita. Imagine que a pessoa está na sua frente. (Não recomendamos usar fotografias, já que estão presas a um tempo e lugar específicos.)

4. Abra seus olhos. Comece a ler sua carta. Você pode ou não ficar emocionado como resposta à sua leitura. De um jeito ou de outro, está tudo bem. Se você começar a engasgar, tente falar enquanto chora. As emoções estão contidas nas palavras que você escreveu. Tente forçar as palavras para fora de sua boca. Não engula suas palavras ou sentimentos.

5. Quando chegar ao finalzinho, antes de ler a frase do adeus, feche seus olhos, tenha uma imagem da pessoa novamente e diga suas palavras finais. Isso pode ser acompanhado por muitas lágrimas. Se for o caso, certifique-se de falar as palavras, *especialmente o adeus.*

Lembre-se, você está dizendo adeus à dor e está dizendo adeus a tudo o que ficou inacabado. Você *não* está dizendo adeus às suas memórias afetuosas. Diga adeus à dor, ao isolamento e à confusão. Diga adeus à relação física que você teve, mas que agora acabou. Diga adeus e, não há problema se você chorar e colocar tudo para fora. Também não há problema se você não chorar. É essencial que você diga adeus, ou o relacionamento provavelmente permanecerá incompleto para você.

6. Assim que terminar, peça um abraço ao seu ouvinte. Você pode querer e precisar de um abraço bastante longo. Não interrompa. Você poderá se surpreender soluçando um pouco. Não há problema nisso. Você provavelmente está segurando essa dor há um bom tempo. Não apresse os sentimentos.

O QUE FAZER COM A CARTA

As pessoas nos perguntam o que deveriam fazer com sua carta de finalização após terem lido em voz alta para alguém em quem confiavam. Não podemos dizer a você exatamente o que fazer. É uma decisão muito pessoal. Advertimos que se você mantiver sua carta, guarde-a em um local muito seguro. A última coisa que você vai querer é que alguém a encontre. Isso é especialmente importante se você tem filhos e escreveu a carta sobre seu pai ou sua mãe.

O RESPLENDOR OU A SEQUELA

Não podemos prever como você se sentirá após ler sua carta. A variedade de possíveis emoções é tão vasta e profunda quanto a diversidade de personalidades. Algumas pessoas sentem uma sensação instantânea de liberdade, como se tirasse o peso de uma tonelada. Outros se sentem pesados e tristes. Outros, ainda, não sentem nada ou ficam, até mesmo, entorpecidos. O que sabemos ser a verdade é que seja qual for seu sentimento, ele é normal e natural e será uma reflexão sobre como você reage às suas próprias emoções ou a ausência delas. Por favor, não importa o que você sinta ou deixe de sentir, isso não é um problema.

A razão de darmos instruções tão firmes tanto para o ouvinte quanto para o leitor sobre não fazer uma análise após a leitura é precisamente porque o que quer que você sinta após a leitura pode levá-lo a interpretar mal o trabalho que fez. Analisar é racional, e queremos evitar isso a todo custo, sobretudo no momento imediatamente após ter lido sua carta. Esse momento é passível de ser cheio de emoções, mesmo se você não tiver consciência disso. Como tudo de novo que você faz, vai levar um tempo para sentir o impacto total. Tenha cuidado para não presumir que o que você sente logo após a leitura representa algo que não seja seus sentimentos no momento.

Pouco tempo depois de ler sua carta, você pode começar a lembrar de outras coisas, positivas e negativas, do relacionamento. No próximo capítulo, diremos a você como lidar com essas novas descobertas.

Agora encontre um ouvinte e leia sua carta.

Capítulo 13

QUE TAL NOVAS DESCOBERTAS?

Como resultado de fazer sua revisão e a carta, você limpou uma grande quantidade de bagagem emocional. Você provavelmente lembrará de outros eventos, positivos e negativos, os quais você vai querer elaborar assim que tomar ciência deles. É realmente muito simples; tudo o que você tem que fazer é acrescentar uma carta *post script*.

> *Querido Fred,*
> *P.S. Acabei de lembrar de algo que quero lhe dizer. Lembro-me da vez que você disse a alguns amigos que eu não era uma boa cozinheira, enquanto eu estava lá sentada. Fiquei tão envergonhada que queria morrer. Eu o perdoo por esse comentário insensível e desnecessário. Eu o perdoo para que eu possa ser livre.*
> *Adeus, Fred.*

A carta *post script* contém o perdão de algo doloroso como o que acabamos de mostrar. Ou poderia ser um pedido de desculpa por algo bom que você nunca disse a seu parceiro. "Desculpe por nunca ter dito o quanto apreciei o modo doce que você tratava meus avós." Novamente, sempre encerre e complete a carta com "adeus". Você pode fazer cartas *post script* todas as vezes que pensar em algo que precisa ser completado. Após ter escrito a carta, certifique-se de lê-la em voz alta para uma pessoa confiável assim que for possível. Não pule esta última etapa.

Nota importante: a leitura da carta de finalização é um assunto particular e confidencial. Como afirmamos, perdão e declarações emocionais negativas nunca devem ser feitas diretamente à pessoa. A versão resumida da carta de Russell foi apresentada somente para ilustrar o que você deve fazer. Uma carta de finalização nunca deve ser enviada ou lida à pessoa a quem é endereçada.

Finalização não significa que você nunca ficará triste novamente

A finalização significa que você efetivamente disse tudo o que identificou que estava inacabado para você até aquele momento, em todos os aspectos do relacionamento que você acabou de trabalhar. Isso não significa que você nunca se sentirá triste outra vez, muito menos que nunca se sentirá feliz novamente. Nem significa que nunca sentirá saudade de seu antigo parceiro. Na verdade, você pode experimentar muitas emoções. É muito provável que você tenha sufocado seus sentimentos por um longo tempo.

A finalização permite a você uma gama de emoções que relacionadas à lembrança de alguém. **A finalização também significa que você não tem que sabotar seu novo relacionamento retraindo por medo de se machucar novamente.**

Uma revisão e uma carta são suficientes?

Há uma grande possibilidade de que você sinta uma sensação de alívio como resultado do trabalho que fez até agora. Isso é uma faca de dois gumes. Embora você possa se sentir bem nesse momento, pode ter a falsa ideia de que está totalmente recuperado. Claro, se você só teve um relacionamento que acabou, então, você só tem que fazer uma revisão e escrever e ler uma carta de finalização. Mas, se você teve mais de um, você precisa fazer uma revisão separada e uma carta de finalização para cada relacionamento. Nós o encorajamos a voltar e completar todos eles. Deixe-nos parafrasear isso e ser mais exigentes. Volte e complete todos os seus outros relacionamentos amorosos incompletos. Faça-o rapidamente.

Já que você é o denominador comum em cada relacionamento, revisá-los do modo que lhe mostramos dá uma imagem mais honesta de si mesmo. Você conseguirá ver seus hábitos e padrões mais claramente se conversar e refletir sobre si mesmo. Essa nova visão, unida à sua nova completude emocional, é o que lhe permite mudar. Na verdade, você não se sentirá mais confortável de permanecer do jeito que era no que diz respeito a cometer os mesmos erros repetidas vezes. Isso inclui o principal erro que é o de passar por cima da sua intuição.

Certifique-se de guardar sua história de relacionamentos amorosos para lembrá-lo das relações que ainda precisa revisar. Escreva uma revisão de relacionamento e uma carta de finalização para cada pessoa da lista. É uma boa ideia esperar dois dias entre a elaboração de cada revisão e carta, assim os relacionamentos não ficam desordenados na sua cabeça e no coração. Se as circunstâncias permitirem, junte-se ao seu ouvinte cada vez que terminar uma carta e leia-a.

Seu novo kit de sobrevivência emocional

É possível que venha a se ferir emocionalmente outra vez? Sim. Todos nós sabemos que nosso parceiro poderia sofrer um acidente ou morrer de uma doença. Se algo trágico assim viesse a acontecer, qualquer um de nós ficaria arrasado. Mas não podemos permitir que essas possibilidades nos façam conter nossa afeição e comprometimento.

Também não temos garantia de que quando chegarmos em casa no fim do dia nosso parceiro ainda vai nos amar e querer ficar conosco. Não podemos sequer ter a certeza de que ainda amaremos nosso parceiro. A taxa de divórcio girando em torno de 50% serve como um testemunho gritante dessa triste realidade. Novamente, embora as pessoas e os relacionamentos possam mudar, não devemos permitir que essa possibilidade nos faça conter nossa afeição e comprometimento. Se fizermos isso, corremos o risco de gerar o rompimento que tanto tememos.

Temos uma boa notícia. Realizando as ações deste livro e tendo o desejo de concluir o trabalho finalizando seus outros relacionamentos incompletos, você tem, de fato, uma garantia. Você agora sabe que se o pior acontecesse e as circunstâncias acabassem com seu novo relacionamento, você teria as ações deste livro para ajudá-lo a finalizar a sua dor. Não há garantia de que quando você começar a namorar alguém novo o relacionamento terá sucesso. Mas, dessa vez, você pode ter certeza de que não vai sabotar sua felicidade potencial por medo de se ferir de novo. Ter esse kit de ferramentas emocionais lhe dará liberdade para amar aberta e completamente. Isso lhe permitirá confiar em si mesmo e em sua intuição.

Seu passado está concluído, mas não esquecido

Tornar-se emocionalmente completo não significa que sua memória foi exterminada. Em sua vida cotidiana, há muitas coisas que o farão lembrar de seus relacionamentos com antigos parceiros. Algumas serão conscientes e óbvias, outras não. Suas lembranças daqueles relacionamentos virão acompanhada por emoções. Alguns dos seus sentimentos podem ser de felicidade, afeição e alegria. Outros serão negativos, tristes e incômodos. Isso é normal. Não lute, só deixe acontecer. Se você tentar esconder ou enterrar esses sentimentos, eles continuarão a prejudicá-lo. **Se você permitir que os sentimentos negativos ocorram sem resistência, eles irão embora**.

Quando você começar um novo relacionamento, haverá comparações inevitáveis com relacionamentos anteriores. Sua mente gera pensamentos e sentimentos ao olhar para seus antigos relacionamentos e carrega-os para o novo. É impossível não fazer isso. Você só precisa reconhecer que aqueles pensamentos e sentimentos também são normais. Porém, os sentimentos não são uma chamada para a ação ou uma indicação de que você não deveria estar no novo relacionamento. Nossa mente engana. Em geral, quer que voltemos a alguém ou algo familiar. Nossa mente não gosta de novidade ou mudança.

Somente a bagagem de mão

Começamos este livro com uma metáfora tola, mas precisa sobre a bagagem emocional. Terminaremos esta seção com mais um pouco de tolice. Como resultado das ações que realizou, agora pode viajar somente com sua bagagem de mão. Você não terá que despachar montanhas de baús, malas e malas cheias do seu passado quando você embarcar em seu próximo voo de relacionamento. Talvez você possa agora encontrar aquela passagem sem escalas para a felicidade.

Parte 3

Um novo começo

Gostaríamos de agradecer a coragem e o esforço que você dispensou até este ponto. Sabemos que o que lhe pedimos para fazer não é fácil. Mas o fácil quase nunca leva ao melhor. Antes de você retornar para a selva dos relacionamentos, há algumas coisas que você precisa aprender para que tenha sucesso. Por favor, dê a esta seção do livro a mesma atenção que você deu às seções anteriores.

Uma coisa é realizar as ações deste livro e tornar-se emocionalmente completo em seus relacionamentos anteriores. Outra é começar a agir de forma diferente. O fato de ter feito o que pedimos não significa que você mudou o que faz e como reagirá às novas situações. Esta parte do livro é dedicada a ensinar suas ferramentas práticas. Elas o ajudarão a fazer mudanças reais e a sustentá-las em seus relacionamentos. Para completar seu passado você teve que realizar as ações específicas que delineamos. Agora vamos mostrar como fazer o mesmo com alguns dos hábitos que o limitaram. Nós também lhe ensinaremos a reconstruir a confiança em sua intuição e mostraremos como estabelecer os critérios mais importantes ao escolher seu novo parceiro.

Capítulo 14

Hábitos: adeus aos velhos, e que venham os novos

Somos todos criaturas de hábitos. Desde a primeira infância começamos a desenvolver hábitos em resposta ao que aprendemos. Um dos primeiros que aprendemos é o de escovar os dentes. Nossos pais nos ensinam este importante hábito para que possamos manter a boa saúde bucal. Você provavelmente não se lembra de seu primeiro treinamento para escovar os dentes, mas há grandes chances de que você faça isso hoje da maneira como lhe ensinaram muitos anos atrás. Você praticou o que aprendeu até que se tornou um hábito.

Quando temos aulas de piano, nós praticamos tocar as escalas até que nossos dedos desenvolvam hábitos. Eventualmente, conseguimos fazer isso sem olhar para o teclado. O mesmo acontece nos esportes. Quando treinamos jogar uma bola de beisebol, aprendemos a realizar a ação automaticamente sem ter que pensar nos movimentos individuais. O que se desenvolve é a chamada "memória muscular".

Memória muscular emocional

Nós também desenvolvemos hábitos em reação ao que acontece com as pessoas em nossa vida. Ao repetirmos esses hábitos, desenvolvemos uma *memória muscular emocional* que se torna automática. Muitos desses hábitos são bons e vale a pena conservá-los. Mas alguns não são. Vamos focar nos maus hábitos para que possamos substituí-los por bons. Os maus hábitos não vão embora sozinhos. Você não pode mentalizar ou apenas desejar para um hábito ir embora. Nem pode sobrepor uma nova ideia positiva a uma antiga e achar que esta desaparecerá. Tantos livros de autoajuda são insuficientes porque levam você a acreditar que somente identificar o problema é tudo o que você tem de fazer e a solução é automática. Mas não é. Essa meia medida deixa as pessoas como eram e cada vez mais frustradas.

Construir novos hábitos por cima dos antigos é uma configuração para o fracasso. A melhor maneira de visualizar isso é pensar em uma sala que precisa de pintura. A pintura está rachada e descascando e há buracos no gesso. Você não tentaria aplicar uma nova tinta sobre uma superfície como essa. Não seguraria. O que você faria primeiro seria descascar a antiga pintura. Então você preencheria as rachaduras com gesso fresco. Em seguida, lixaria até que ficasse macio, e depois aplicaria a nova tinta.

É exatamente isso que pedimos que você faça no que diz respeito aos relacionamentos anteriores. Pedimos a você para descascar a tinta descamada e sem cor das suas lembranças antigas para que você pudesse identificar e completar os assuntos emocionais inacabados. Tendo feito isso, você está agora pronto para uma nova camada de tinta que consistirá de alguns novos hábitos. Ao decidir definir esses novos hábitos, tenha em mente que seu cérebro ainda vai querer manter seus velhos hábitos, pois eles estão ligados aos seus antigos relacionamentos. Concluir antigos relacionamentos e construir novos hábitos são ações interligadas. A aplicação de ambos é o que lhe permite superar a configuração padrão de "veracidade" que antes o levava de volta aos seus velhos hábitos.

Desenvolver um novo hábito para substituir um antigo requer três posturas:

1. Você deve primeiro conscientizar-se da necessidade de adquirir um novo hábito.

2. Você deve, então, descobrir e aprender os componentes do novo hábito em sua ordem correta.

3. E, finalmente, você deve praticar os novos componentes em sua ordem correta aproximadamente trinta e cinco a quarenta vezes. Então, você terá incorporado o novo hábito.

Veja um exemplo disso com um resultado positivo:

1. Russell tornou-se consciente de que tinha o hábito de reagir defensivamente quando Alice sugeria que sua camisa não combinava com a calça. Alice dizia que ele reagia como um estudante que estava sendo punido. Russell sempre discutia com Alice por causa disso. Um dia ele se deu conta de que o hábito de reagir daquele jeito não tinha nada a ver com Alice. Tinha a ver com o jeito que seu pai falou com ele, algumas vezes, quando era pequeno.

2. Com essa nova consciência, Russell teve que aprender a parar toda vez que Alice dava uma sugestão sobre sua roupa e fazer a si mesmo algumas perguntas. "Ela se parece com meu pai? Tenho cinco anos de idade e estamos em 1948? E, o mais importante de tudo, ela está certa?" As respostas eram não, não, não, e sim.

3. Ele praticou e praticou. Cada vez que Alice comentava sobre suas roupas, ele fazia aquelas perguntas. Como resultado, ele passou a ter um maravilhoso novo hábito. Às vezes, ele olha para Alice e diz: "Não é 1948 e você não é meu pai". Alice ri todas as vezes. Então ele faz o que ela sugeriu.

Como Russell desenvolveu o novo hábito, ele conseguiu aplicá-lo em outras áreas. Como resultado, Alice achava mais fácil conversar com ele assuntos que costumavam ser difíceis. Você pode não acreditar nisso, mas Russell não pedirá a Alice orientação quando tiver que vestir qualquer coisa além de calça jeans e camisa polo.

RECUPERANDO SUA INTUIÇÃO

Além dos novos hábitos estabelecidos, você deve recuperar sua intuição para que seja novamente uma habilidade valiosa em sua vida. A maioria de nós aprendeu a desconfiar de nossa intuição. Praticamos isso até se tornou um hábito. Infelizmente, essa desconfiança contribuiu para a formalização de muitos relacionamentos que nunca deveriam ter acontecido. Quando jogamos *Trivial Pursuit*[3] ou assistimos *Jeopardy*[4], vemos o valor de nossa intuição ao responder as perguntas. Quantas vezes você deixou de escolher a primeira resposta e depois descobriu que estava certa? É quando você se pergunta: "Por que não confiei no meu instinto?"

No começo do livro, mencionamos que uma grande porcentagem de pessoas que ajudamos ao longo dos anos nos disseram ter ignorado sua intuição quando decidiram começar ou não um relacionamento. A reclamação mais comum que fizeram foi: "Por que não confiei no meu instinto?". Se você quer recuperar sua habilidade de confiar em seu instinto, aqui vai um exemplo:

1. As vezes você deve lembrar de alguém do Ensino Médio. Uma imagem dessa pessoa vem à sua mente. Você pode não ter nenhuma ideia do que o fez pensar nessa pessoa, e não é necessário saber. Você pode ter um impulso de ligar ou enviar um e-mail para essa pessoa. Mas, como a maioria das pessoas, você pode deixar isso

3. *Trivial Pursuit* é um jogo de tabuleiro no qual os competidores devem responder perguntas sobre história, geografia, arte e literatura, esporte e lazer, ciências da natureza e entretenimento. (N.T.)
4. *Jeopardy* é um programa de televisão exibido pela emissora CBS e consiste de um *quiz* show sobre história, literatura, ciências e cultura. (N.T.)

de lado, sem tomar uma atitude. Queremos que você desenvolva um novo hábito em resposta a esse tipo de lembrança e os impulsos que geralmente as acompanham.

2. Quais são os componentes desse novo hábito? Pegue o telefone ou vá para o computador. Tome uma atitude seguindo a memória e o impulso, e entre em contato com a pessoa que você pensou. Se escolher o telefone, quando ele ou a secretária eletrônica atender, diga: "Lembrei de você hoje de manhã e só queria dizer oi". E depois siga qualquer rumo que a conversa tomar. Se você usar o e-mail, diga a mesma coisa, e depois veja se recebe alguma resposta. Se isso acontecer, continue a conversa.

3. Você está no caminho para desenvolver um novo hábito. Em vez de colocar de lado a memória e o impulso, siga-os. Fazer isso pela primeira vez pode ser um pouco assustador, mas não deixe parar. Será o início do desenvolvimento de um novo hábito que expandirá sua habilidade de responder à sua voz intuitiva. Se você perseverar, coisas surpreendentes começarão a acontecer. Você ficará impressionado.

Chegará o dia em que você estará totalmente reconectado ao seu mais maravilhoso dom – sua intuição. O segredo é permitir-se ouvir e confiar na *voz interior.* Usada apropriadamente, é a sua maior aliada para tomar decisões importantes. Isso é válido especialmente no que diz respeito a escolher a pessoa com quem você passará o resto de sua vida.

John pratica confiar em sua intuição por muitos anos. Veja a seguir uma das histórias que ilustra o benefício de aprender a seguir sua intuição:

Quase sempre sigo a voz interior. Às vezes, descubro depois do que se tratava e às vezes não, mas não questiono.

Alguns anos atrás, a imagem de um velho amigo da faculdade me veio à mente. Peguei o telefone e liguei para ele. ***Após uma breve conversa***

colocando em dia as nossas vidas, algo me levou a perguntar se havia algum problema com ele. *Com certeza havia. Ele estava pensando em tirar a própria vida. Disse-me que estava muito endividado e preso em um trabalho que odiava. Achava que se contasse à sua esposa, ela o deixaria. Sentia não haver saída.*

Enquanto conversávamos, ele me disse que tinha passado a maior parte de sua vida tomando decisões para agradar seus pais. Com isso, tinha desenvolvido o hábito de buscar aprovação. Ele sempre quis ser veterinário, mas seus pais sugeriram uma carreira diferente. Em vez de seguir seus próprios instintos, fez o que eles queriam. O resultado foi o estado de desespero que ele se encontrava quando telefonei para ele.

Consegui orientá-lo a finalizar seus relacionamentos com seu pai e sua mãe para que pudesse fazer novas escolhas. Depois, com a concordância e apoio de sua esposa, ele decidiu voltar para a faculdade e seguir o sonho que tinha desde os dezessete anos. Ele agora tem uma próspera clínica veterinária. Ele está feliz e sua esposa e filhos também.

Capítulo 15

Novos hábitos de comunicação

Incontáveis livros, artigos e pesquisas indicam que muitos relacionamentos amorosos fracassam devido a uma comunicação pobre. Dizer que a comunicação efetiva é a chave para todos os relacionamentos amorosos de sucesso seria um eufemismo. O fator número um citado pela maioria das pessoas depois que um relacionamento fracassa é que eles não acreditavam que seus parceiros tinham, de fato, escutado o que diziam. Portanto, sentiam-se mal interpretados. Isso é válido para homens e mulheres de todas as idades. Com esse pano de fundo, é uma boa ideia aprender melhores hábitos para ouvir e compreender o parceiro com quem você vai compartilhar sua vida.

Recepção na comunicação – a parte mais importante

A principal razão pela qual a maioria das pessoas não se sente ouvida é a falta de consciência sobre as direções nas quais as comunicações fluem. A comunicação efetiva envolve duas direções: emissão e recepção. Infelizmente, somos treinados para apenas uma delas – a emissão. Aprendemos a projetar nossa voz para sermos ouvidos e a moderar nosso tom para não parecermos monótonos. Aprendemos a enunciar claramente, a manter contato visual e estar ciente de gesticular com as mãos. Essas são habilidades muito valiosas para a emissão da comunicação.

Mas quantas aulas você teve de Recepção da Comunicação? O que lhe ensinaram sobre ouvir o que os outros estão dizendo? A maioria das pessoas não sabe o que dizer quando perguntada sobre essas questões. Contudo, a chave para a comunicação é ouvir e entender o que as outras pessoas querem dizer. É muito mais importante do que a maioria das habilidades de saída para ajudar os casais a se comunicarem.

Uma das coisas excepcionais sobre as interações verbais é que as comunicações significativas são frequentemente expressas em duas partes. A primeira parte é em geral a introdução, e a segunda parte contém o material importante. Um exemplo pode ser o de um casal que planejou ir ao cinema. Mas, quando o dia chegou, um dos dois teve um dia de trabalho particularmente difícil. Quando o outro parceiro chega em casa, diz: "Que horas vamos ao cinema?" Até aí tudo bem. Mas a resposta traz a possibilidade de um mal-entendido ou do início de uma discussão.

"Vamos amanhã? Tive um dia muito difícil...".

Em um mundo perfeito, o interlocutor comunica sua informação e o ouvinte presta total atenção. Depois de ouvir o que foi dito, o ouvinte responde. Isso faz sentido e funciona bem se ambas as partes efetivamente ouvirem. Mas aí é que reside a essência do problema. A maioria das pessoas para de ouvir e começa a preparar uma resposta antes mesmo de o interlocutor ter terminado. Nada de bom pode acontecer. Não só o interlocutor sente que não foi ouvido, como a resposta do ouvinte será sempre da parte errada da comunicação.

No nosso exemplo, o companheiro ouve somente a parte do "Vamos amanhã". Ele, de fato, não ouve a parte do "Tive um dia muito difícil". E, para piorar as coisas, responde com: "Mas nós tínhamos combinado" ou "Esperei uma semana para ver esse filme". A batalha começa aí. Nossa primeira pessoa não se sente ouvida. Ela percebe que o parceiro não estava ouvindo. Isso pode, também, remeter a eventos semelhantes com seus antigos parceiros. Ela vai "além do momento" por medo da repetição de algo que nunca achou bom. Cada um dos cônjuges elabora respostas explosivas nesse tipo de interação. Uma discussão pode eclodir em um piscar de olhos.

Duvidamos que qualquer um que esteja lendo isso não esteve nos dois lados da batalha. É raro só um cônjuge conseguir dizer exatamente o que começou uma discussão. Suas histórias são sempre radicalmente diferentes. Um observador independente ficaria louco tentando descobrir quem fez o que a quem, sem ter uma gravação da briga. Mesmo o vídeo seria de valor limitado se o juiz não localizasse a resposta inicial do ouvinte. Quando as batalhas no relacionamento começam, os dois participantes geralmente acabam indo parar "além do momento", e usam problemas de relacionamentos passados para guiá-los. No final das contas, só pode haver uma conclusão para essa constante disputa: o relacionamento irá acabar. Com esse potencial, não podemos dar excessiva ênfase na importância de melhorar sua habilidade de ouvir. Ouvir efetivamente é o novo hábito crucial que você deve desenvolver.

Seguir um caminho melhor

Vamos repetir a situação sobre o cinema e mostrar um caminho melhor:

Primeiro parceiro: "Que horas vamos ao cinema?"

Segundo parceiro: "Vamos amanhã? **Tive um dia muito difícil...**".

Primeiro parceiro: "É, você parece exausto. Estou um pouco desapontada, mas vamos tentar novamente amanhã."

Segundo parceiro: "Obrigada, meu bem; realmente preciso relaxar esta noite".

Às vezes, assim como nesse cenário, será coerente mudar os planos. Embora o segundo parceiro estivesse desapontado, não era grande coisa. Com frequência, tudo o que se pede ao parceiro que ouve é responder a declaração. Por exemplo, se seu parceiro acabou de dar uma boa notícia do trabalho, sua resposta seria: "Que ótimo!". Se fosse uma má notícia, você poderia dizer: "Que frustrante".

ROTAS DE COLISÃO

A comunicação efetiva é complicada pelo sistema de crença que já discutimos anteriormente. A mente humana age acreditando estar sempre certa. Nas conversas com seu parceiro, quando você para de ouvir e começa a preparar sua resposta, esta será baseada na sua verdade. Você não é a única pessoa que faz isso. Quando os papéis são invertidos, seu parceiro geralmente faz a mesma coisa.

Ao comunicar-se, um dos elementos exasperadores do problema de recepção é que ambos parceiros fazem isso um com o outro. Nenhum dos dois percebe que está fazendo exatamente a mesma coisa que odeiam que façam com eles. O fator mais difícil é que a competição devastadora torna-se um hábito do relacionamento. E, como todo hábito, quer se repetir, ainda que as consequências sejam terríveis, todas as vezes.

Quando um parceiro percebe que o outro não está realmente ouvindo, ele irá "além do momento", por medo de repetir algo que já aconteceu antes. Nesse ponto, os dois parceiros não estão presentes no momento. A maioria das discussões começa nesse ponto, quando cada um acha que está certo e que o outro é que está errado. É a situação em que, no final, ninguém ganha. Assim como cada indivíduo tem hábitos, os casais também os têm, e isso é algo que destrói o relacionamento.

Você pode escutar, mas você não me ouve!

Raramente conhecemos alguém que não tenha dito ou sentido que seu parceiro não o ouviu. Quando dizem isso ao outro, a resposta é quase sempre: "Eu ouvi cada palavra". Ele então repete o que você disse, literalmente. E, mesmo quando consegue fazer isso, você ainda não acredita que eles o tenha ouvido. Isso porque você notou que o outro não estava mais escutando depois da primeira parte. Estava preparando uma resposta. A verdadeira reclamação é que, embora possa ter escutado, não está **ouvindo nem entendendo** o que você está tentando dizer.

Conversamos com milhares de casais em que os dois parceiros relatam que sentem não serem ouvidos. Para corrigir esse problema, você deve usar sua ferramenta para criar novos hábitos em uma área específica – **escutar** – com o objetivo de realmente ouvir e entender seu parceiro. A seguir está uma maneira de começar a desenvolver esse novo hábito:

Acompanhe nas palavras em sua mente enquanto o outro estiver falando.

Quando seu parceiro estiver falando, acompanhe as palavras exatamente como se estivesse seguindo uma bola que quica ou como se concentrar enquanto uma notícia aparece na parte inferior da tela da televisão. Concentre-se! Não pense em qual será sua resposta. Só pratique acompanhar as palavras em sua mente conforme são pronunciadas. Pratique, pratique, pratique e depois pratique um pouco mais. Você pode praticar isso em todo lugar. Não é limitado a seu parceiro. Pratique no trabalho e em situações sociais. Tudo o que você tem que lembrar é da imagem de uma bola que quica. Quando você escuta dessa maneira, você realmente tem a chance de entender o que o outro está tentando dizer. Escutando efetivamente, você também perceberá que, a menos que uma pergunta seja feita, não há necessidade de você se desligar e encontrar uma resposta. Sim, o assunto sobre o qual a outra pessoa está falando estimulará seu cérebro a procurar o que ela sabe sobre esse tópico. Não formule uma resposta até que a outra pessoa tenha terminado.

Finalmente, por mais difícil de acreditar, você terá sua chance de falar! Deixe-nos repetir isso. Você terá sua chance de falar. Você terá, também, a oportunidade de responder uma pergunta se houver. Ao escutar e realmente ouvir seu parceiro, você confiará mais e terá maior segurança dentro do relacionamento.

Ver é crer

A maioria dos especialistas indica que a comunicação não verbal é o maior aspecto do intercâmbio de pensamentos e sentimentos. Porque isso é verdade, atribuímos maior valor a esse elemento da comunicação. Um pouco da comunicação não verbal está em forma de gestos faciais e linguagem corporal, e um pouco está no tom de voz. É importante ter consciência de seus hábitos de compreensão do não verbal. Fazer caretas, especialmente as de desaprovação, enquanto o outro está falando, definirá o tom e a atitude que podem causar grandes problemas. Já que grande parte da sua habilidade para comunicar-se é não verbal, você poderá precisar desenvolver e praticar alguns hábitos novos para ouvir.

Outra vez, não podemos enfatizar demasiadamente a importância de aprimorar todas as suas habilidades de escuta. Uma vez que você está em um novo relacionamento, sua habilidade de escutar e ouvir o ajudarão a estabelecer seu amor pelo seu novo parceiro. Toda chance que tiver de escutar alguém falando, queremos que pratique essa nova habilidade. Você pode ficar surpreso ao ver como esse novo hábito se desenvolve rapidamente, e vai ficar encantado com o reforço que irá trazer a todos os seus relacionamentos. **Comece a praticar essas novas habilidades hoje**.

Certo ou feliz – escolha um

Deixemos de lado as questões técnicas da comunicação e vamos ao conteúdo. Outro problema que os relacionamentos enfrentam é a necessidade de cada parceiro estar "certo". Isso remete de volta ao sistema de crença que mencionamos no capítulo 1. A mente humana acredita que o que sabe está "sempre certo". Se estou certo e você não concorda comigo, então, você deve estar errado. No mundo real, isso é o que move as guerras. Se você acha que é um exagero, pegue um jornal ou assista ao noticiário e veja quantos locais em conflito há neste globo. As pessoas estão lutando e morrendo por causa de seus sistemas de crença ideológica. **Estou certo; você está errado; nós lutamos até a morte**. Não temos a intenção de tratar esse fenômeno como menos importante, mas devemos usá-lo para fazer a conexão óbvia com os relacionamentos amorosos. Isso significa que cada parceiro credita estar certa. No final, fica assim: **Estou certo; você está errado; nós lutamos até nos separarmos**.

Com sorte, não é tarde demais para ensinar novos truques a cães velhos. Toda vez que você se perceber sentindo-se "certo" em uma discussão com seu parceiro, seria um bom conselho você parar e se perguntar: "Quero estar certo ou quero ser feliz?" Se você é como nós já fomos, provavelmente achava que estar certo era ser feliz. Agora é provável que você tenha aprendido que ser certo é correr o risco de ficar sozinho, e não feliz.

Antes de continuarmos, deixe-nos esclarecer algo. Não estamos sugerindo que você negocie tudo o que considera importante. Não estamos sugerindo que você se transforme em um capacho ou que você precisa se anular. Na verdade, não tem a ver com certo ou errado ou esperto ou estúpido. Só tem a ver com reconhecer a necessidade superdesenvolvida do seu cérebro de estar certo, não importa a que custo.

A outra lição poderosa é perceber que você e seu parceiro – do passado, presente ou futuro – compartilha a mesma condição de "veracidade terminal". Toda discussão que você teve, sem exceção, está baseada em veracidades opostas. Seu parceiro sempre se sente tão certo quanto você. Vocês dois podem estar certos? Sim! Senão não haveria nenhuma discussão. Pense sobre isso por um minuto.

Em uma crise, nós voltamos às nossas velhas crenças

Quando as batalhas são travadas no relacionamento, ambos os parceiros em geral vão "além do momento". Cada um usa as experiências dos relacionamentos passados para guiá-los. Infelizmente, a maioria dos problemas passados não contém soluções. Assim, só pode haver uma conclusão para essa constante disputa: o relacionamento deve acabar.

Quando uma crise ocorre, nossa mente procura as informações que armazenou sobre como lidar com o problema. Muito frequentemente, encontra ideias obsoletas e inúteis. Essa é a zona de perigo na qual transformamos nossa verdade memorizada na resposta para a situação. Entretanto, nosso parceiro está fazendo igual buscando em seu passado, diferente do nosso.

Mãe ou pai ou apenas familiar?

Embora isso não caia diretamente sob o título de novos hábitos de comunicação, há algo que gostaríamos de apontar que você poderá achar útil. Há uma concepção comum equivocada que sugere que as pessoas se casam com sua mãe ou pai. Esse é um daqueles clichês que parece ter uma ponta de verdade, mas não é, de fato, exata. Como adotamos cada vez mais a linguagem da psicologia, que faz parte de nosso tempo, somos tentados a encaixar tudo em uma posição conveniente como essa. No entanto, é muito mais realista sugerir que somos atraídos ao que é familiar para nós. Então, não é necessariamente a mãe ou o pai, mas aspectos de um deles ou dos dois que são familiares para nós e que, inconscientemente, procuramos no outro. O perigo nessa atração é que o que é familiar nem sempre é bom, é somente familiar. Como resultado de fazer todo o trabalho que sugerimos, você pode ficar ciente de algumas dessas áreas nas quais você deixou o que era familiar guiá-lo mesmo quando isso fez com que você repetisse as más escolhas.

Um dos benefícios do trabalho neste livro é que você será capaz de desenvolver novas crenças para substituir aquelas que o limitaram. As velhas crenças são hábitos como qualquer outro. Tenha em mente que só ter uma nova ideia não faz dela um novo hábito. Você deve praticar e praticar. O mesmo vale para novas crenças.

Capítulo 16

REGANDO FLORES DE PLÁSTICO

Depois que mais um relacionamento acaba, em geral chega um ponto em que somos estapeados por uma dura e alta dose de realidade. Nós nos tornamos dolorosamente conscientes de que estamos fazendo a mesma coisa repetidas vezes e ficamos desapontados quando chegamos aos mesmos resultados. Há muitos clichês que expressam esta ocorrência comum. A maioria das pessoas ouviu o clichê do "jogar um balde em um poço vazio e ficar surpreso por não ter água". Nosso favorito, particularmente, é "Regar flores de plástico", por isso, pensamos nessa expressão para construir o título deste livro. A sagacidade e o sarcasmo desses ditados estão muito claros, e ainda assim tantas pessoas continuam agindo da mesma forma, chegando ao mesmo resultado e, depois, ficam surpresas ou desapontadas.

NAVEGANDO POR ÁGUAS DESCONHECIDAS

Daqui pra frente você estará em águas desconhecidas. Uma das áreas cruciais na qual tendemos a repetir os maus hábitos é o critério que usamos para escolher nossos parceiros. No capítulo anterior, falamos sobre como desenvolver hábitos novos e vivificantes. Alguns dos velhos critérios que você usou para escolher seus parceiros tornaram-se hábitos que devem ser mudados. Quando você faz coisas novas e desconhecidas, sua mente tentará resistir para arrastá-lo de volta às suas antigas e familiares ideias. Esta parte da sua jornada exigirá bastante autodisciplina, bem como absoluta honestidade.

A mente se defende contra novas ideias enviando mensagens de que o novo não é confortável. É comum interpretar *incômodo* como sendo *mau* ou mesmo levá-lo a significar que é intuitivamente incorreto. Mas nenhum dos dois é necessariamente assim. Você deve passar pelo desconforto e o desconhecido, que são causados por essa nova ação, como, por exemplo: a maioria das pessoas no mundo de hoje tem um computador e usa um *mouse* para navegar. Você consegue lembrar quando tentou usar um *mouse* pela primeira vez? Você se lembra como foi difícil, a princípio, manipular o aparato e conseguir fazer a seta ir aonde você queria? Agora você é tão eficiente com o *mouse* que nunca pensa sobre isso; você simplesmente faz.

Ao entender a ideia de mudar de *desconhecido* para *familiar*, será mais fácil para você superar a armadilha de ficar preso às velhas ideias que estava usando. Tendo isso em mente, vamos mostrar a você como formular um novo plano de ação. Você vai ter que praticá-lo rigorosamente até que as novas ações não pareçam tão desconhecidas.

A paquera e o namoro são complexos. A mistura de questões psicológicas, emocionais e intuitivas pode ser confusa mesmo para uma pessoa mais velha. Não podemos ignorar as pressões sociais aplicadas pelos colegas, a família e outros. Quando mais precisamos de nossa perspicácia sobre nós, mais pode parecer que a lógica e a razão estão em falta. Tudo bem. O amor não é lógico nem racional. Amor é amor. Embora o amor não seja lógico, ainda precisamos ser capazes de fazer escolhas baseadas no que é verdadeiro para nós mesmos. Precisamos ter alguns critérios básicos que nos guiarão ao escolhermos um companheiro para a vida toda.

Plano... Que plano?

Há vinte e sete anos, John viu-se enfrentando um dilema familiar. Ele tinha acabado de vivenciar outro rompimento amoroso e estava determinado a *não* cometer o mesmo erro mais uma vez. Sua história deixa claro que é possível fazer algo novo e conseguir um resultado melhor.

Tinha acabado de vivenciar mais um rompimento amoroso. Minha mulher e eu trabalhamos diligentemente para tentar fazer com que este relacionamento tivesse sucesso. Mas não aconteceu. Mais uma vez encontrava-me confuso e sozinho. E, de novo, aquilo que eu verdadeiramente queria tinha me escapado.

Acredito muito em colocar as palavras no papel. Descobri que escrever me ajuda a alcançar clareza. E lá estava eu na mesa da cozinha, com lápis na mão, preparando-me para examinar o que tinha acontecido. Quando comecei a refletir, percebi que estava simplesmente escrevendo muitas das mesmas coisas que tinha escrito após minha última separação. Quanto mais pensava, mais se tornava óbvio que os problemas que causaram esse rompimento eram os mesmos da maioria das separações anteriores. Sem dúvida, havia um padrão. Mas qual era exatamente?

Por mais que tentasse, não conseguia descobrir... Continuei pensando e repensando as mesmas coisas repetidas vezes. Estava perplexo. Então, invoquei outra habilidade que tem me ajudado no decorrer da minha vida. Decidi arquivar a busca por um tempo. Estava no meio da floresta e não conseguia através das árvores. Deixei a escrita de lado por alguns dias. Durante esse tempo, ocasionalmente percebia que estava procurando pistas para meu quebra-cabeças. Suspeito que meu subconsciente estava em ação também, buscando as respostas no meu passado.

A clareza vem de lugares diferentes e de muitas formas. Às vezes, vem como um pensamento relâmpago. Outras, vem de um amigo ou estranho cujas palavras são ouvidas. Não sei dizer de onde minha consciência realmente veio; não me lembro. Mas a ideia era muito clara. ***A ideia era***

voltar uma etapa do processo. *Então, decidi que, em vez de só observar os relacionamentos passados que tinham fracassado, observaria como estava escolhendo as pessoas com quem tive um relacionamento. Minha nova ideia era tentar detalhar que critérios estava usando para selecionar as pessoas com quem namorava. Então, peguei minha caneta e bloco de papel e comecei tudo de novo.*

No topo da página escrevi: "Critérios de Namoro".

Depois, escrevi o número 1 na margem esquerda. Então, comecei a me perguntar o que havia nas últimas mulheres com quem me envolvi o que me atraía a elas. O primeiro registro foi:

1. Beleza.

Então, escrevi o número 2.

Até então, só tinha o seguinte:

1. Beleza.

2. (E foi aí que cheguei em um obstáculo.)

Pensei e pensei. Quebrei a cabeça. Levantei e andei pelo apartamento. Logo depois fiquei pasmo. Lembro-me de ter pensado: "Isso não pode ser verdade". Mas o fato permanecia, ***não havia número 2***.

Foi um momento de grande e significativa revelação. O fato de não haver o número 2 respondia a muitas perguntas. Como era possível? De onde tinha vindo a ideia de que a beleza era suficiente para construir um relacionamento? Novamente decidi deixar o papel e o lápis de lado por um tempo. Nos dias seguintes, olhei ao meu redor. Vi televisão. Fui a alguns eventos sociais. No final percebi algo muito simples. Não há nada de errado com a beleza, mas ela sozinha com certeza não é suficiente. Lembro-me de rir de mim mesmo, pensando como tinha sido completamente estúpido durante a maior parte da minha vida.

Aproveitei a oportunidade e comecei a conversar com algumas amigas. Perguntei-lhes quais eram os critérios exatos que estavam usando para escolher as pessoas com quem saíam. Surpresa, surpresa. Elas também nunca tinham pensado sobre a questão. Quando pedi a elas que pensassem em seus últimos dois ou três relacionamentos, elas também descobriram que, quaisquer que fossem os critérios, não tinham sido nem precisos, nem úteis para elas.

Uma querida amiga me contou sua história: "Estava entre um relacionamento e outro quando entrei, uma noite, em uma loja de conveniência. Enquanto procurava pelas coisas que precisava, avistei o que achava que era um homem ao final do corredor. Vi as botas de caubói, jeans muito apertados, uma jaqueta de couro surrada e cabelo comprido solto até a metade das costas. Lembro-me de ter pensado: 'Tenho que conseguir este'. Mas, então, lembrei que estava em um processo de trabalhar novos critérios de namoro. Parei. Na verdade, ri alto de mim mesma. Lá estava eu prestes a tentar esbarrar nessa pessoa para iniciar uma conversa e eu nem mesmo tinha visto seu rosto. Na realidade, nem mesmo tinha certeza se era homem ou mulher. Virei-me e saí da loja torcendo para que eu continuasse trabalhando nisso, não importando quanto tempo levasse."

Consegui identificar-me totalmente com a história da minha amiga. Naquele ponto, estava ficando muito claro para mim que o critério singular da "beleza" era a raiz do problema. Mas descobrir o problema não criava a solução. A pergunta que estava sem respostas era: "Que critérios deveria estar usando?"

Primeira tentativa – curva errada – beco sem saída

Depois, fiz uma curva errada. Segui por uma rua que era sem saída. Graças a Deus, percebi o erro antes de agir. Minha primeira tentativa de achar uma solução, para aprimorar os critérios de seleção que usaria para os futuros namoros, foi tão errada quanto poderia ser. Fiz uma lista do que queria na outra pessoa. Era uma lista muito detalhada.

Ela tinha que ser o seguinte:

Bonita

Culta

Sexualmente compatível

Interessada em atualidades

Divertida
Capaz de me fazer rir
Solícita

A lista aumentava cada vez mais, do tipo lista de desejos de uma criança. Ao olhar para a lista, senti que algo estava errado... Olhei-a atentamente até que algo me ocorreu. Naquele momento, tive um daqueles flashes como um relâmpago. Percebi que minha lista ***estava baseada inteiramente no conceito de que os atributos de outra pessoa eram 100% responsáveis para eu encontrar a pessoa certa e que me faria feliz****. Era um conjunto de critérios que estava completamente fora de controle. Era, na melhor das hipóteses, como jogar na mega-sena.*

Era, também, enormemente arrogante da minha parte. A ideia de que eu poderia configurar tal desafio para alguém executar era absurda. E, na análise final, a lista de critérios era completamente racional.

De volta à prancheta

Após a análise cuidadosa, ficou claro para mim que uma melhor abordagem seria começar comigo. O que era importante para mim, sobre mim? Quais eram os itens a meu respeito que eu não negociaria? Quais eram importantes o suficiente para mim e que eu deveria pelo menos estar ciente antes para não me surpreender mais tarde?

Eu também sabia que se esse novo plano tivesse que funcionar, teria que ser com base na verdade. A verdade sobre mim. Então, qual era a minha verdade? Tive que começar tudo de novo.

Os "novos" novos critérios

1. *Fisicamente atraente (para mim).*
O que constitui a beleza? Não há uma resposta única. Não há nem mesmo uma resposta única para qualquer pessoa. Não obstante, há sempre algo que

atrai nosso primeiro olhar. Há sempre algo sobre uma pessoa, geralmente visual ou verbal, que nos faz querer conhecê-la. Meu melhor amigo pode não achar que a pessoa por quem estou atraído é bonita. Então, essa é uma questão pessoal para cada um de nós.

Depois de escrever isso, encontrei a primeira nova peça do meu quebra-cabeça pessoal.

Em 1975, minha filha nasceu. Vários anos depois minha esposa e eu perdemos um filho logo depois de seu nascimento. Uma enorme porcentagem de casamentos que experimentaram a perda de um filho acabam em divórcio. Isso foi o que aconteceu com o nosso. Depois que a poeira da separação e divórcio assentou, fiz um voto solene de que minha filha seria sempre uma parte da minha vida.

Agora meu novo plano tinha dois itens:

1. *Fisicamente atraente (para mim).*
2. *Minha filha deve fazer parte da minha vida.*

Outra verdade sobre mim é que eu sou um velho atleta. Gosto de assistir aos esportes. Gosto de ir aos jogos. Gosto de treinar crianças. Eu poderia honestamente dizer que eu não me vejo mudando isso. Então, continuei a lista:

1. *Fisicamente atraente (para mim).*
2. *Minha filha deve fazer parte da minha vida.*
3. *Os esportes são importantes para mim.*

A essa altura percebi que estava numa busca muito importante sobre mim e quem eu era. Estava ficando mais fácil. A verdade também é muito importante para mim. Então, eu a adicionei à nova lista:

1. *Fisicamente atraente (para mim).*
2. *Minha filha deve fazer parte da minha vida.*

3. *Os esportes são importantes para mim.*
4. *A verdade é essencial para mim.*

Quando vou a uma festa, gosto da liberdade de circular e conversar com muitas pessoas. Ficava incomodado com mulheres que grudavam em mim a noite toda, fazendo-me ser responsável por elas, tipo uma babá. Percebi que qualquer mulher com quem eu pudesse dividir minha vida teria que ser capaz de conversar com outras pessoas:

1. *Fisicamente atraente (para mim).*
2. *Minha filha deve fazer parte da minha vida.*
3. *Os esportes são importantes para mim.*
4. *A verdade é essencial para mim.*
5. *Nada de ser babá.*

Estava indo bem. Então parei e pensei que seria melhor testar meu novo plano para ter certeza de que estava no caminho certo. O novo plano era muito simples. Decidi que quando eu visse alguém que me atraísse, convidaria para um café. Nada de encontro, só café. Obviamente, antes de convidá-la para um café, eu já teria feito minha decisão pessoal de que ela era bonita – para mim. Durante esse primeiro café, nós simplesmente conversaríamos e veríamos se tínhamos algo em comum. Depois, escutaria a voz da minha intuição. Também tentaria ser muito honesto comigo.

Um exemplo: conheci uma modelo e a convidei para tomar um café. Depois de uma hora e meia, ficou claro para mim que o único assunto sobre o qual ela sabia conversar era moda. Por favor, ouça-me quando eu digo que não há nada errado com a moda, mas não era o certo para mim. Então, nesse caso, embora eu a achasse muito atraente, não aconteceu um segundo café.

Antes desse novo conjunto de critérios, tinha tentado a aproximação que se baseava apenas na aparência e sempre fracassava. Pelo menos estava ficando um pouco mais esperto de não levar adiante as interações precoces que, claramente, não estavam destinadas a ter futuro.

Embora este novo plano possa parecer simples e fácil, não deixava de ter frustrações. Depois de uns cinco primeiros encontros para um café que não levaram a um segundo, comecei a achar que meu plano não funcionaria. Mas, felizmente, também pensei que cinco exemplos poderiam não ser suficientes. Então continuei.

Conforme o tempo passava, aconteceram alguns segundos cafés. As conversas que levaram ao segundo café eram ótimas. Na verdade, várias mulheres eram interessadas em coisas que eu também achava interessantes ainda que fossem novas para mim. Isso me fez visitar livrarias e aprender sobre assuntos com os quais não tinha tido uma experiência prévia. Pode parecer que eu estava bebendo uma quantidade enorme de café, e você pode ter começado a se perguntar se houve alguma vez um primeiro encontro. Sim, houve alguns. E todo primeiro encontro envolvia minha filha. Se, de fato, ela era a número dois na minha lista de verdades sobre mim, não havia razão para minha linda filha vir a ser uma surpresa para alguém mais tarde.

Como esses primeiros encontros funcionavam? Eu estava surpreso. Surpreso pelo número de mulheres que competiam com uma menina de quatro anos. Nesses casos, não havia um segundo encontro. Também preciso dizer que telefonei para cada uma dessas mulheres e disse-lhes que achava que elas eram pessoas realmente legais, mas que eu não sentia que éramos a pessoa certa um para o outro em um relacionamento a longo prazo. Fiquei surpreso que muitas dessas mulheres me agradeciam por essa simples cortesia. Também fiz algumas amigas novas e muito queridas.

Houve vários segundos encontros. Esses sempre envolviam um evento esportivo. Um jogo de beisebol, um jogo de hóquei, ou algum evento com grande plateia. É o suficiente para dizer que algumas pessoas gostam de eventos esportivos e outras não. Houve alguns terceiros encontros que envolveram festas. Sempre circulava com minha acompanhante pela festa e a apresentava a muitas pessoas e, depois, pedia licença para conversar com outra pessoa. Algumas dessas mulheres entravam no assunto da festa e faziam novos amigos e mantinham conversas por toda a noite.

(Antes de continuar, quero fazer um comentário. Pode parecer que tudo

o que estava acontecendo era baseado em mim e o que eu queria ou precisava. Isso não é verdade. Muitas das mulheres que conheci também estavam tentando descobrir o que era verdadeiro para elas e quais dos seus critérios eram mais importantes. Não era uma via de mão única. Como mencionei, aprendi muitas coisas novas conforme esse processo se desenrolava.)

Havia alguma que era a certa? Na verdade, havia duas. Nos dois casos, pensei arduamente durante um longo tempo sobre formalizar o relacionamento. Durante todo o período de quase dois anos, estava trabalhando com afinco em uma das outras coisas mencionadas neste livro – a intuição. *Tentei escutá-la e não desconsiderar as pequenas mensagens que chegavam até mim. Vários exemplos dramáticos nos quais segui esses momentos intuitivos me ajudaram a começar a aprender a confiar em minha intuição novamente. Por mais triste que tenha sido, percebi que as duas mulheres que pareciam ser a parceira ideal para mim na verdade não eram. Intuitivamente sabia que os relacionamentos não eram certos para mim. Tive uma conversa longa e triste com cada uma delas, já que eu não queria enganá-las.*

Realizei ações de finalização antes de começar de novo

Fiquei arrasado em cada um desses dois rompimentos. Mas, porque ajudo outras pessoas a lidar com a dor causada pelo final dos relacionamentos, sei realizar as ações que ensino, que são as apresentadas no início deste livro. Era essencial que eu completasse meu relacionamento com cada mulher antes de namorar novamente. Então foi o que fiz.

Apesar dessas perdas recentes, tive a sensação de que algo importante ia acontecer. Eu estava mudando de uma forma muito positiva. Minha missão dupla para a descoberta da minha verdade e de alguém para dividir minha vida estava realmente funcionando, embora esse último não tivesse sido alcançado ainda. Tinha esperanças.

Pensei que você nunca fosse perguntar

Ocasionalmente alguém me pergunta como minha esposa e eu ficamos juntos. Pensei que você nunca fosse perguntar. Segue o resto de minha história:

Uma noite estava parado em um estacionamento conversando com um velho amigo muito querido. Estávamos colocando a vida em dia já que não nos víamos há muito tempo. Conversávamos há uns dez minutos quando uma amiga dele caminhou em nossa direção. Fomos apresentados, e nós três conversamos por um tempo. ***E eu sabia!*** *Sabia? Sim, ouvi a voz da intuição em minha cabeça dizendo: "****Esta é a pessoa certa para você****". Aquele pequeno encontro e a conversa acabaram e nós três seguimos caminhos diferentes, mas não conseguia tirá-la da minha cabeça.*

Embora tivesse me esforçado para restabelecer a confiança em minha intuição, também senti que devia continuar com meu plano de ação. Precisava ter certeza de que minha intuição e sentimentos estavam corretos. Então, telefonei para aquela bela mulher (lembre-se do critério "atraente para mim") e a convidei para um café. A conversa correu muito bem. Alguns dias depois, tivemos um segundo encontro para um café. Mais uma vez, descobri que tínhamos muitas coisas em comum e, ao mesmo tempo, éramos agradavelmente diferentes.

Que entrem os palhaços

Vários dias depois, telefonei para ela e perguntei-lhe se gostaria de ir a um encontro em trio. Disse-lhe que iríamos a um evento altamente emocionante com minha filha. Tenho certeza de que fiz uma propaganda exagerada daquela noite, mas queria que ela concordasse. Finalmente, disse a ela que íamos ao circo. Nós nos encontramos para o jantar e uma coisa surpreendente aconteceu. ***Cinco minutos depois, ela e minha filha nem se importavam se eu estava com elas****. Depois do jantar, fomos ao circo. Ao longo da noite, elas estavam fascinadas uma com a outra e se divertiram muito.*

Nosso próximo encontro foi em um jogo dos Dodger. Essa mulher, nascida nos Estados Unidos, tinha sido criada no Canadá e nunca tinha ido a um jogo de beisebol[5]*. Conversamos e rimos e eu estava ocupado torcendo para que o jogo tivesse prorrogação. Eu estava no céu. E, apesar de estar 100% certo de que ela era a pessoa para mim, ainda continuei com meu plano. No nosso próximo encontro, fomos a uma festa em Westwood. Logo depois que chegamos lá, quando estava prestes a falar com ela sobre apresentá-la a algumas pessoas e, depois, ir para outro lado separado dela, ela virou para mim e disse: "Vou falar com alguns amigos. Vamos nos encontrar aqui daqui há uma hora". Poderia tê-la beijado; acho que a beijei.*

Continuamos a namorar por vários meses. A voz da minha intuição continuava dizendo que tudo estava bem. Sentia que tudo estava bem. Oito meses depois nós estávamos casados.

Então, o que aconteceu? Isso já faz 27 anos e estamos mais próximos e mais atenciosos e apaixonados que jamais estivemos antes. Parece que o novo plano funcionou muito bem.

5. **Você pode tirar uma menina do teatro**
Minha esposa é uma atriz vencedora do prêmio Emmy. O teatro é sua vida e sempre foi desde que era uma menina. Quando nosso filho, Cole, jogava beisebol, eu era um dos técnicos voluntários do time. Se você se lembra, o terceiro registro na minha lista de verdades pessoais era meu envolvimento nos esportes. Mas minha esposa, que era do teatro e pouco familiarizada com o beisebol, aplicou sua própria mistura original das duas atividades. Quando Cole saía para o treino de beisebol, ela dizia: "Tenha um bom ensaio, querido". E, quando ele chegava em casa com o uniforme sujo, ela dizia: "Por favor, coloque sua fantasia suja no cesto". Como dizem: "Você pode tirar uma menina do teatro, mas você não consegue tirar o teatro de uma menina. (N. A.)

Capítulo 17

Você precisa de um plano – comece agora

O plano de John funcionou porque estava baseado no que era verdadeiro para ele. Funcionou porque ele tinha realizado as ações para completar o que estava inacabado para ele nos relacionamentos anteriores, o que o ajudou a ver quais eram suas verdades. E funcionou porque John tinha aprendido a confiar em sua intuição.

Agora seria o momento perfeito para você escrever seus critérios e fazer um novo plano com base no que é verdadeiro para você. Quando você der início, também terá que começar confiando na sua intuição do que é importante para você.

Lembre-se: somente ler este livro não é suficiente. Certifique-se de realizar as ações. Elas são a chave que abrirá seu coração e o permitirá amar e ser amado novamente. As histórias de sucesso de John e Russell não aconteceram da noite para o dia. Você também terá de ser corajoso, diligente e paciente. As ações neste livro funcionaram para milhares de pessoas. É claro que não podemos garantir que você encontrará a pessoa dos seus sonhos. Podemos somente garantir que, se realizar as ações que delineamos, você pode se tornar a pessoa que realmente é, e, portanto, estar disponível para começar um relacionamento baseado no amor e na confiança.

Não espere, faça-o agora.

Post script

E os outros tipos de relacionamentos?

Pode ser óbvio para você a essa altura que seus relacionamentos amorosos *não* são a única causa dos hábitos e comportamentos que você trouxe para esses relacionamentos. Agora você pode ter uma clara ideia de que tem coisas incompletas acumuladas com um ou ambos de seus pais, irmãos ou outras pessoas importantes na sua vida. Esse seria o momento ideal para voltar e completar o que está emocionalmente inacabado para você nesses relacionamentos. Algumas das pessoas que o afetaram podem estar vivas, outras não. De qualquer jeito, é importante que você se torne livre para que não carregue a bagagem dessa seção para seu atual ou próximo relacionamento amoroso.

As ações delineadas neste livro ajudariam com aqueles relacionamentos, mas nosso livro anterior *The Grief Recovery handbook (Manual de Recuperação do Luto)* pode servi-lo melhor. Você encontrará algumas repetições do que leu neste livro, mas é mais claramente voltado para aqueles relacionamentos.

Segue um exemplo do que queremos dizer: John foi criado em um lar com um pai alcoólatra e violento. Durante seus muitos ataques de fúria, ele costumava bater em John, sempre do pescoço para cima. Como você deve imaginar, John aprendeu a proteger sua cabeça muito cedo na vida. Ele não só aprendeu a proteger sua cabeça, mas também teve amplas oportunidades de praticar essa habilidade. Ele praticou tanto essa proteção da cabeça que se tornou um hábito. Eventualmente, ele usava esse hábito sem pensar conscientemente.

Anos mais tarde, o pai de John morreu. Preste bastante atenção ao resto da história:

Em 1979, ficou claro para mim que eu estava emocionalmente mal resolvido na relação com meu pai. Então, praticando o que ensino, fiz um gráfico do relacionamento e uma carta de finalização. Senti uma grande sensação de alívio como resultado disso. Exatamente como mostrado neste livro, escrevi algumas cartas post script *conforme as coisas surgiram com o passar do tempo. Durante muito tempo, sentia-me totalmente resolvido na relação com meu pai. Mas não sabia que, escondido debaixo da superfície de minha consciência, estava um hábito que eu ainda usava, muito embora a razão para ele não mais existisse.*

Em 1983, minha esposa e eu estávamos em uma festa na casa de um amigo. Durante a festa, um velho e estimado amigo meu veio até mim e perguntou se ele podia fazer uma observação comigo. "Sem problemas", eu disse. Ele disse que tinha observado minha esposa tentar tocar minha cabeça três vezes naquela noite e eu não tinha deixado. Eu neguei imediatamente. Ele acrescentou: "Você tem muita habilidade em não deixá-la fazer isso". Então, ele fez a pergunta chave. "Você já experimentou algum trauma em sua cabeça durante um longo período de tempo?"

Quando ele terminou sua pergunta, minha mente retrocedeu para os meus oito anos. Eu me vi protegendo minha cabeça de um ataque do meu pai. Com a ajuda de um amigo, acabara de descobrir uma parte da bagagem que eu tinha carregado inconscientemente comigo por muitos anos. Ainda estava protegendo minha cabeça do ataque de um homem que estava morto há dezessete anos. Tinha descoberto um velho hábito que precisaria ser mudado.

Agora nossa finalização com você

Não faria sentido para nós encerrar este livro sem a finalização apropriada com você. Embora não consigamos vê-lo e não tenhamos conversado diretamente, temos uma ideia sobre você por causa das muitas pessoas que realizaram as mesmas ações deste livro. Quando as ajudamos, nós nos sentimos muito conectados a elas por sua coragem e honestidade, bem como por quem elas são.

Então, encerraremos com isso: obrigado por confiar em nós e realizar as ações que lhe mostramos. Nós amamos você.

Adeus.

Russell e John

RECURSOS

APOIO E SERVIÇOS CONTÍNUOS SOB A BANDEIRA DO *GRIEF RECOVERY*

O The Grief Recovery Institute® (Instituto de Recuperação do Luto) se dedica a ajudar as pessoas a lidar com o luto causado por perdas de todos os tipos. Embora o luto seja a reação normal e natural para todas as perdas, a maioria das pessoas perdeu sua habilidade natural de recuperar-se dessas perdas. Reeducar e orientar as pessoas a se recuperarem é o objetivo principal de todos os nossos programas.

The Grief Recovery Handbook (O *Manual de recuperação do luto)* está disponível no nosso website, www.grief.net, e em todas as maiores lojas no varejo e na internet. Se o inglês não é sua língua nativa, ele foi traduzido para vários idiomas: espanhol, sueco, coreano, japonês, hebreu, persa e lituano, e mais traduções estão a caminho.

Se você tem filhos, pode querer comprar uma cópia do nosso outro livro, *When Children Grieve (Quando as crianças estão de luto).* Ele foi escrito em resposta aos milhares de pedidos que recebemos buscando informações para ajudar as crianças que vivenciaram uma perda de qualquer tipo. Uma seção inteira trata do primeiro rompimento que seu filho eventualmente terá. É cheio de informações valiosas para ajudá-lo a lamentar e completar sua primeira perda amorosa. Você pode estar certo de que o livro não lhe dirá para usar a frase "há muitos peixes no mar". Este livro também está disponível em várias línguas. Se o dinheiro for o problema, procure os livros na biblioteca local.

Principais programas do The Grief Recovery Institute (Instituto de Recuperação do Luto)

O **Seminário de Recuperação de Relacionamento, com duração de dois dias e meio,** é para qualquer pessoa que esteja passando pelo período difícil de uma separação ou o acúmulo de relacionamentos amorosos fracassados. O evento de um final de semana também provou ser muito útil para indivíduos que estão passando por dificuldades em um relacionamento.

O programa de **Treinamento com Certificação Profissional *Grief* ❣ *Recovery*®** *(Recuperação da Perda)* de quatro dias é para aqueles que querem ajudar as pessoas a lidar com a perda. Experimental e didático, este programa treina profissionais entre outros, nas técnicas específicas de ***Grief* ❣ *Recovery*®** *(Recuperação da Perda).*

Os graduados no ***Grief* ❣ *Recovery*®** *(Recuperação da Perda)* tornam-se especialistas ***Grief* ❣ *Recovery*®** *(Recuperação da Perda)* e estão autorizados a usar nosso logo registrado do coração ❣ para anunciar sua ligação com este Instituto. Por favor, procure por ele quando buscar a ajuda que é sugerida em todos os nossos livros – este, *The Grief Recovery Handbook (Manual de Recuperação do Luto)* e *When Children Grieve (Quando as Crianças estão de Luto).*

Os especialistas ***Grief* ❣ *Recovery*®** *(Recuperação da Perda)* oferecem os seguintes programas para ajudar as pessoas e seus filhos a lidar com todas as maiores perdas que afetaram suas vidas:

O **Programa Extensivo *Grief* ❣ *Recovery*®** é um programa de doze semanas ministrado por um especialista certificado *Grief❣ Recovery®*. Utiliza-se o *The Grief Recovery Handbook (Manual de recuperação do luto)* como texto base e tem ajudado mais de quinhentas mil pessoas a elaborar a dor causada pela morte de um ente querido ou de outras perdas.

Ajudando as Crianças a Lidar com a Perda é um programa de seis semanas projetado para ajudar os pais e outros responsáveis a guiar as crianças a lidar com a morte, o divórcio, a perda de um animal de estimação, mudança e outras perdas. Utiliza-se o *When Children Grieve (Quando as crianças estão de luto)* como o texto base e também é ministrado por especialistas certificados *Grief❣ Recovery®*.

Para informações sobre qualquer um de nossos programas, por favor, visite nosso website, www.grief.net. Você pode nos contactar por e-mail no gri@grief.net, por correspondência ou em um dos nossos locais.

Nos Estados Unidos:
The Grief Recovery Institute
PO Box 56223
Sherman Oaks, CA 91403
www.grief.net

No Canadá:
The Grief Recovery Institute of Canada
RR#1
St. Williams, Ontario
NoE 1PO
www.grief.net

Na Suécia:
Svenka Institute för Sorgbearbetning
Tegnérgatan 24
113 59 Stockholm
www.sorg.se

Este livro foi publicado em 2013 pela Companhia Editora Nacional.
CTP, impressão e acabamento pela IBEP Gráfica, em São Paulo.